Maria Andrea Stratmann
Spuren sichern

Zum Titelbild

Der Umschlag zeigt als Bildmotiv einen im Licht erscheinenden Hasen. Der Hase hat in der Menschheits- und Religionsgeschichte eine Fülle von *Spuren* hinterlassen. Bei den Ägyptern galt er als Schutzsymbol für König und Reich; im chinesischen Märchen sitzt er auf dem Mond und bereitet das Lebenselixier. In mittelalterlichen Jagdszenen wird der Hase als verfolgte Seele interpretiert. In der altchristlichen Kunst begegnet er mehrmals auf Katakombengrabsteinen und Tonlampen als Zeichen für die vergängliche Zeit des Menschenlebens, unterwegs zur Ewigkeit. Augustinus sah den Hasen als Symbol für die Furchtsamkeit des Sünders, der beim Felsen Christus Zuflucht sucht; und Ambrosius deutete ihn mit seiner jahreszeitlich wechselnden Färbung als Symbol der Auferstehung.

Maria Andrea Stratmann

Spuren sichern

Worte, die mit uns gehen

Verlag Butzon & Bercker Kevelaer

Die Deutsche Bibliothek - CIP-Einheitsaufnahme

Stratmann, Maria Andrea:
Spuren sichern : Worte – die mit uns gehen / Maria Andrea Stratmann. – Kevelaer : Butzon und Bercker, 1999
  ISBN 3-7666-0233-0

ISBN 3-7666-0233-0

© 1999 Verlag Butzon & Bercker D-47623 Kevelaer
Alle Rechte vorbehalten
Umschlagbild und -gestaltung: Roland Stratmann, Berlin
Satz: Werner Klatt, c/o SMMP, Bestwig
Druck und Bindung: Drukkerij WILCO, Amersfoort (NL)

Geleitwort

Wo Menschen leben, haben sie Wege angelegt. Wer immer sich selbst auf einen Weg macht, folgt Spuren, die andere vor ihm gelegt haben. Bei unbekannten Wegen ist es wichtig, einen guten Wegweiser zu kennen.

Es gibt den einen, der von sich sagt: „Ich bin der Weg ..." (Joh 14, 6). Jesus Christus. Wer sich auf seinen Weg einlassen will, muss sich vergewissern, wer dieser Jesus ist, welchen Weg er ging und welches Ziel er hat.

In einem Lied unserer Zeit heißt es: „Wir haben Gottes Spuren festgestellt auf unsern Menschenstraßen ..." und in dem weiteren Liedtext werden diese Spuren so beschrieben: Liebe und Wärme in einer kalten Welt und Hoffnung – fast vergessen.

Dieses Buch möchte anregen, solche Spuren zu entdecken und ihnen zu folgen. Die einzelnen Texte wollen Impulse geben zum Nachdenken und Meditieren, und vielleicht können sie helfen, Irrwege, Sackgassen und Umwege bei der eigenen Wegsuche zu vermeiden.

Besondere Aufmerksamkeit verdient die Sprachform der Texte. Die Sprache bewegt sich zwischen Meditation und Reflexion, zwischen Zeugnis- und Argumentationssprache. Für sie gibt es kein eindeutig vorgegebenes „Sprachspiel", sie kann sich nur im Ansprechen selbst bewähren.

Es ist zu wünschen, dass die hier gesprochene Sprache die angezielten Adressaten erreicht und trifft. Dazu gehören alle, denen eine lebendige Vermittlung zwischen Wort Gottes und Alltag der Menschen am Herzen liegt, sei es zur persönlichen Meditation oder im Dienst der Verkündigung. Wer häufig Anregungen sucht für kurze, prägnante Texte, für den ist das Buch eine wahre Fundgrube.

An der Schwelle in ein neues Jahrtausend sind wir uns bewusst, dass die Fragen und Anfechtungen im Glauben uns auch in die Zukunft hinein begleiten werden. Deshalb ist die Vergewisserung der Grundlagen unseres Lebens und Glaubens – von denen die Texte sprechen – eine bleibende Aufgabe. Gottes Geist möge uns dabei stets sicher geleiten.

Berlin, im Juli 1999

Burkhard Sauermost

Vorwort

Es gibt Situationen, die eine Spurensicherung nötig machen. Alles Weitere hängt dann davon ab, die richtigen Spuren festzuhalten, weil es sonst zu folgenreichen Fehlentscheidungen kommen kann.

Das gilt auch im übertragenen Sinn. Welche Spuren sind in meinem Leben vorgegeben, welche hinterlässt mein eigenes Tun und Denken? Es lohnt sich, die entscheidenden Spuren (wieder) zu entdecken, denen ich – vielleicht unbewusst – folge. Es lohnt sich zu fragen, welchen ich bewusst folgen will.

Die hier vorgelegten Texte entstanden ursprünglich als kurze geistliche Impulse für den Rundfunk und wurden für den Druck überarbeitet. Dabei sollte der Charakter des gesprochenen Wortes durchaus erhalten bleiben.

In den einzelnen Kapiteln geht es um Themen ganz unterschiedlicher Art: Symbole wie *Bäume* und *Steine*; *Spruchweisheiten* und *Fragen Jesu*; *Glauben mit allen Sinnen*; *Ostererfahrungen*; *Gedanken zu Pfingsten* und *Dreifaltigkeit* sowie zu Grundfragen unseres Glaubens: *Gottesbilder* und *Gebet*.

Immer aber wird eine Beziehung zwischen unseren Alltagserfahrungen und dem Wort Gottes gesucht. Gottes Wort will mit uns gehen auch in die vor uns liegende *Zeit* eines neuen Jahrtausends; es ist eine Spur, die es zu sichern gilt. Davon sprechen die Texte.

Weil Hörerinnen und Hörer wiederholt danach gefragt haben, sollen diese Gedanken und Impulse hier vorgelegt werden.

Mein Dank gilt allen, die mich dazu ermutigt haben, sowie besonders denen, die mir den Zugang zum Wort Gottes erschlossen.

Mögen alle, die den Spuren dieser Meditationen folgen, etwas von der Freude am Wort Gottes erfahren.

Bestwig, 17. Juli 1999

Schw. Maria Andrea Stratmann SMMP

Inhalt

VON BÄUMEN

Der Mensch – wie ein Baum 13
Baum der Erkenntnis 15
Ein neuer Spross 17
Früchte des Baumes 19
Baumkrone 21
Gott – wie ein Baum 23

VON STEINEN

Der Stein der Erinnerung 25
Der steinige Weg 27
Den Stein ins Rollen bringen 29
Der Stein des Anstoßes 31
Der kostbare Stein 33
Der weiße Stein 35

SPRUCHWEISHEITEN

Fleißige und Faule 37
Am richtigen Platz 39
Den eigenen Part spielen 41
An sich denken 43
Die innere Antenne 45
Einen Namen haben 47

FRAGEN JESU

Was soll ich dir tun? 49
Was sind das für Dinge …? 51
Was wollt (sucht) ihr? 53
Für wen haltet ihr mich? 55
Warum lasst ihr … Zweifel aufkommen? 57
Liebst du mich? 59

MIT ALLEN SINNEN GLAUBEN

Sehen 61
Hören 63
Riechen 65
Schmecken 67
Fühlen 69
Mit allen Sinnen 71

OSTERERFAHRUNGEN

Er geht euch voraus 73
Was sucht ihr den Lebenden bei den Toten? 75
Jesus sagte zu ihr: Maria! 77
Wir aber hatten gehofft... 79
In dieser Nacht fingen sie nichts 81
Ich bin bei euch 83

ZUM PFINGSTFEST 85

ZUM DREIFALTIGKEITSFEST 89

GOTTESBILDER

Gesetzgeber 93
Richter 95
Heiliger 97
Treuer 99
Freund 101
Liebender 103

GEBET

Allezeit beten 105
Bitten 107
Danken 109
Loben 111
Ringen und fragen 113
Schweigen und anbeten 115

ZEIT

Fülle der Zeit 117
Lebenszeit 119
Herzenszeit 121
Gnadenzeit 123
Wendezeit 125

Hinweise 127

Von Bäumen

Der Mensch – wie ein Baum

Etwas in Bildern und Symbolen auszudrücken, kann viel mehr aussagen als eine knappe Definition, weil Symbole einen Spielraum von Bedeutungen eröffnen.
Ob jemand zum Beispiel *flatterhaft* genannt wird wie ein Schmetterling oder aber fest *verwurzelt* wie ein Baum, das spricht „Bände" über seine Beständigkeit und Zuverlässigkeit bei der Arbeit oder in Beziehungen. Offensichtlich eignet sich der *Baum* hervorragend als Symbol für den Menschen. Wir nennen jemand einen *baumlangen Kerl*, lassen ihn an beliebten Orten *Wurzeln schlagen*, entdecken, dass sein *Stamm-Baum* berühmte Größen aufweist oder lassen Kinder „Bäumchen, Bäumchen, wechsle dich" spielen.

Auch die Bibel verwendet häufig das Bild des Baumes für den Menschen. In Psalm 1 beglückwünscht der Beter den Menschen, der sich für den guten Weg entschieden hat; der sich orientiert an der Weisung Gottes. Er vergleicht ihn mit einem „Baum, der an Wasserbächen gepflanzt ist, der zur rechten Zeit seine Frucht bringt und dessen Blätter nicht welken. Alles, was er tut, wird ihm gut gelingen" (Ps 1, 3).

Für den Beter ist der *Standort* des Baumes entscheidend. Er wurzelt nicht irgendwo in der Wüste, dann müsste er vertrocknen, und es gäbe weder Blätter noch Früchte. Nein, dieser Baum ist an „Wasserbächen gepflanzt"; er hat Verbindung zu seinen Lebensquellen, darauf kommt es an.
Auch die Alternative kennt der Beter: Ohne Orientierung am Wort Gottes ist der Mensch für ihn „wie Spreu, die der Wind verweht" (Ps 1, 4). Wir könnten im Sinne des

Psalms auch sagen: Wer aufhört, sein Leben auf Gott zu gründen, der sägt an dem Ast, auf dem er selbst sitzt.

Vielleicht stört uns dieser Vergleich des Menschen mit einem gut verwurzelten Baum einerseits und haltloser Spreu andererseits. Vielleicht denken wir: So einfach sollte man es sich nicht machen, zu sagen, dies sei der Weg des Gerechten – das andere der Weg des Frevlers. Die Welt und die menschlichen Probleme seien doch viel komplexer.
Gerade *weil* unsere Welt immer komplexer und komplizierter wird, bietet Psalm 1 eine gute Hilfe für eine klare Standortbestimmung. Das Psalmwort lädt ein, über mich nachzudenken: Wo bin *ich* verwurzelt? – Was sind *meine* Lebensquellen? Mit anderen Worten: Was gibt meinem Leben Halt, Sicherheit? Was lässt mich aufrecht stehen? Was hilft mir, unverwechselbar ich selbst zu sein?

Wie es ist, wenn Menschen ent-wurzelt sind, weil ihre Lebenswurzeln gekappt oder ganz ausgerissen wurden, das können wir heute vielfach beobachten. Nicht nur *alte* Bäume lassen sich, wie der Volksmund sagt, schlecht verpflanzen. Das gilt auch für *junge* Bäume und Bäumchen, die noch gar keine Gelegenheit hatten, kräftige Wurzeln zu entwickeln und deshalb halt-los sind. Was bieten wir ihnen, damit ihr Lebensbaum gesund heranwächst?
Der glückliche Mensch, von dem Psalm 1 spricht, empfindet die Gebote seines Gottes nicht als Zwang, als lästiges Muss. Er hat vielmehr „Freude an der Weisung des Herrn"; sinnt über sie nach „bei Tag und bei Nacht" (V. 2) und hat sie dadurch als Weg zum Leben entdeckt. – Gibt es für uns andere, bessere Lebensquellen?
Ein Beter unserer Tage hat das Bild vom Lebensbaum für sich neu formuliert: „Herr, wie ein Baum so sei vor dir mein Leben. Herr, wie ein Baum sei vor dir mein Gebet" (L. Zenetti).

Baum der Erkenntnis

Da möchte mancher *auf die Palme gehen*, weil man ihm dies oder jenes verbieten will. Ein anderer sagt ganz lässig: „Wozu soll ich mich aufregen? Was ich nicht weiß, macht mich nicht heiß." – *Trotzphasen*, in denen man sich an Ge- oder Verboten reibt, sind eine normale Entwicklungsstufe bei Kindern. Doch, wie gehen Erwachsene damit um, wenn ihnen etwas nicht erlaubt ist?

Im Buch Genesis gebietet Gott: „Von allen Bäumen des Gartens darfst du essen, doch vom Baum der Erkenntnis von Gut und Böse darfst du nicht essen; denn sobald du davon isst, wirst du sterben" (2, 16). Welche Möglichkeiten hatten Adam und Eva, sich gegenüber dieser göttlichen Weisung zu verhalten? Aus *heutiger* Sicht denken wir vielleicht an Alternativen wie:
Sie konnten ganz bewusst den „Baum der Erkenntnis" meiden, um nicht in Versuchung zu geraten.
Sie konnten den Baum einfach ignorieren, so tun, als gäbe es ihn nicht oder als brauchten sie ihn nicht.
Sie konnten die Bedeutung der angedrohten Strafe herunterspielen, um ihre Neugierde wenigstens mit einer Kostprobe befriedigen zu können.
Sie konnten einen Machtkampf riskieren, nach dem Motto: Mal sehen, ob *der* uns das verbieten kann.
Sie konnten aber auch das ganze Problem psychologisieren: Ist nicht gerade die Frucht *dieses* Baumes lebensnotwendig? Gott kann doch nicht im Ernst wollen, dass seine Geschöpfe Gut und Böse nicht unterscheiden können!
In der Tat, das *kann* Gott nicht wollen. Vielmehr will er Menschen, die sehr wohl unterscheiden können und deshalb verantwortlich sind für ihr Tun und Lassen.

In der biblischen Geschichte setzt die Schlange ihre Verlockung bei Eva sehr geschickt an. Sie stellt zunächst die drohende Strafe in Frage: „Nein, ihr werdet nicht sterben" (Gen 3, 4). Dann verspricht sie von der Übertretung des Gebotes einen ungeheuren Gewinn: „Ihr werdet wie Gott und erkennt Gut und Böse" (3, 5). Und genau da liegt der Knackpunkt. Die Erzählung vom Sündenfall will den Menschen nicht in Unwissenheit halten über das, was richtig oder falsch, gut oder böse ist. Das weiß er in der Regel und muss es auch wissen. Das Verbot, vom „Baum der Erkenntnis" zu essen, zielt in eine andere Richtung. Die Schlange deutet es an: „Ihr werdet wie Gott und erkennt Gut und Böse." Das meint hier: Ihr *bestimmt*, was gut ist und was böse. Niemand kann euch dann Vorschriften machen; ihr seid in allem autonom!

Das biblische Bild vom „Baum der Erkenntnis" will dem Menschen seine Möglichkeiten und Grenzen zeigen. Zeigen sich nicht die Folgen der Grenzüberschreitung heute allenthalben? Wer verantwortet zum Beispiel die rücksichtslose Ausbeutung der *Schöpfung*? Darf der Mensch in der *Medizin* zum Versuchsobjekt wissenschaftlicher Forschung werden? Dürfen wir im Bereich der *Atomkraft* alles tun, was wir technisch können? ... Wer setzt heute die Maßstäbe für erlaubt und unerlaubt?

Wir alle haben vom „Baum der Erkenntnis" gegessen. Was tun? Müssen wir, wie Heinrich von Kleist meint, erneut vom Baum der Erkenntnis essen, um in den Stand der Unschuld zurückzufallen?

Christen werden eher auf jenen anderen *Baum* hinweisen, von dem die Liturgie am Fest Kreuzerhöhung spricht: „Vom Baum des Paradieses kam der Tod, vom Baum des Kreuzes erstand das Leben."
Das Kreuz ist kein Wunderbaum, den man als Glücksbringer ins Auto hängt. Aber das Kreuz Jesu Christi zeigt uns sehr wohl den Weg aus den Sackgassen unserer Eigenmächtigkeit, den Weg, der zum Leben führt.

Ein neuer Spross

Das gibt es, dass Eltern bei der Geburt ihres Kindes ein Bäumchen pflanzen. Es ist sicher ein Zeichen der Freude über das neu geschenkte Leben. Zugleich sagen sie damit, dass beide, Mensch und Baum, gemeinsam heranwachsen sollen und dass dieses Wachstum am besten gelingt auf gutem Boden und in guter Umgebung.

Nach der „Geburt" des Staates Israel wurden Männer und Frauen aus aller Welt, die in der Kriegszeit jüdische Menschen gerettet hatten, eingeladen, in Israel einen Baum zu pflanzen. Ein Zeichen der Dankbarkeit für erfahrene Hilfe, aber auch der Hoffnung auf einen Neuanfang nach dunkler Zeit!

Der Baum als Symbol für den Menschen hat eine lange Tradition in Israel. Im 8. Jahrhundert v. Chr. verkündete der Prophet Jesaja dem Volk nach einer Zeit harter Bedrängnis einen Neuanfang: „Aus dem Baumstumpf Isais wächst ein Reis hervor, ein junger Trieb aus seinen Wurzeln bringt Frucht" (Jes 11, 1).

Wie ein Wunder ist es, wenn aus einem abgeschlagenen Baumstumpf plötzlich ein frischer Trieb sprießt. Alles schien abgestorben – und nun zeigt sich neues Leben. Der Prophet will mit diesem Bild sagen: „Dort, wo – menschlich gesehen – nichts mehr zu erhoffen ist, setzt Gott einen Neuanfang. Und er wirkt mehr, als ihr euch vorstellen könnt." – Ein Blick in die Geschichte Israels zeigt: Dieser „Baumstumpf Isais" wird zum Stammbaum, aus dem nicht nur König David, sondern auch der lang-   ersehnte Messias hervorgeht.

Baumstumpf und neuer Spross. Das Bild des Propheten spricht eine deutliche Sprache: Tod und Leben stehen in unserer Erfahrung oft nahe beieinander. – In einem

Schlager heißt es: „Der Baum des Lebens blüht zu *allen* Zeiten ... Wen stört die Rinde mit den kleinen Narben, wenn er voll Zuversicht ins Leben schaut ..." – Ein Wunschtraum? *Immer* soll unser Lebensbaum blühen. Sicher, das Lied weiß auch, dass ein Baum im Laufe seines Wachstums verletzt werden kann und dass solche Verletzungen Narben hinterlassen. Aber das macht nichts, wenn grundsätzlich die positive Sicht auf das Leben erhalten bleibt. Ist das alles so einfach?

Der neue Trieb aus scheinbar erstorbener Wurzel, von dem der Prophet spricht, lässt fragen: Wie gehe ich mit solchen *Baumstumpf-Erfahrungen* in meinem Leben um, wenn nichts mehr blühen will; wenn alles in mir leblos, wie erstorben wirkt; wenn meine Hoffnungen zerschlagen sind und vielleicht sogar die Frucht vieler Jahre zerstört wurde? Liegen sie nicht oft viel näher als Erfahrungen neuen Lebens? Wie komme ich dahin, dann trotzdem noch „voll Zuversicht ins Leben" zu schauen? Ist das nicht eigentlich utopisch?

Der Prophet weiß sehr wohl, dass Israel nicht aus eigener Kraft zu neuer Blüte kommt. Gott ist es, der sich seinem Volk erneut zuwendet. Aber Gott setzt nicht beim Punkt Null an; er nimmt, was noch da ist: den Baumstumpf Isais.

Das gilt auch für uns. Gott wirkt mit dem, was in uns an Lebenskraft verblieben ist. Aber er handelt nicht ohne unser Mittun. Neue Hoffnung kann dort aufblühen, wo wir selbst die uns verbliebenen Lebensimpulse wahrnehmen, ihre positive Ausrichtung verstärken und nicht nur wie eine Trauerweide den Kopf hängen lassen.

Sicher ist es nicht zuerst die Zahl der Jahresringe, die unseren Lebensbaum erblühen oder erschlaffen lässt. Entscheidend ist, dass die Wurzeln intakt sind und der *Glaube* in uns lebt: Da ist einer, der will, dass mein Baum neu zu grünen beginnt. Da ist einer, der will, dass mein Leben wächst und seine volle Kraft entfaltet.

Früchte des Baumes

„Da kann ich mich mühen, soviel ich will, ich komme einfach auf keinen grünen Zweig." Wer so klagt, hat in der Regel vieles versucht, um etwas zu erreichen. Aber alles blieb erfolglos. Sein Mühen will keine Frucht zeigen. – Seltsam, meistens verwenden wir die Redewendung *auf einen grünen Zweig kommen* nur in der Negativform. Bei Erfolg sagen wir nicht: *Wir sitzen auf einem grünen Zweig*, sondern wir genießen eher *die Früchte* unserer Arbeit. In beiden Fällen aber dient uns der Baum als Symbol, unsere Befindlichkeit in Worte zu fassen.

In der Natur ist es selbstverständlich: Jeder Baum kann nur *die* Früchte tragen, die seiner Art entsprechen. Von einem Birnbaum fällt eben kein Apfel oder umgekehrt. Aber wie ist das bei uns? Erwarten wir nicht von jedem Menschen, dass er irgendwie die Frucht *Leistung* erbringt? Was ist mit denen, die im Sinne unserer Leistungsgesellschaft nichts Sichtbares vorzeigen können, die diesen *grünen Zweig* nie erreichen?

Khalil Gibran sagt: „Mein Herz ist ein Baum, beladen mit Früchten, die ich pflücke, um sie zu verschenken." *Herzensfrüchte* lassen sich nicht messen im Sinne unserer Leistungsgesellschaft; doch gerade von ihnen lebt unsere Gesellschaft – oder sie leidet an ihrem Mangel.

Wenn es in der Bibel heißt: „Jeden Baum erkennt man an seinen Früchten" (Lk 6, 44), dann geht es um solche Herzensfrüchte. Das Lukasevangelium überträgt dabei die unterschiedliche Qualität der Früchte eines Baumes auf die *Früchte,* die der Mensch hervorbringt: „Es gibt keinen guten Baum, der schlechte Früchte hervorbringt, noch einen schlechten Baum, der gute Früchte hervorbringt. Jeden Baum erkennt man an seinen Früchten: Von Disteln pflückt man keine Feigen, und vom Dornstrauch

erntet man keine Trauben. Ein guter Mensch bringt Gutes hervor, weil in seinem Herzen Gutes ist; und ein böser Mensch bringt Böses hervor, weil in seinem Herzen Böses ist. Wovon das Herz voll ist, davon redet der Mund" (Lk 6, 43-45).
Vielleicht stört uns die absolute Formulierung: entweder gut *oder* schlecht. Zeigt nicht die Erfahrung, dass niemand *immer* Gutes oder *immer* Böses wirkt? Das ist doch Schwarz-weiß-Malerei!
Natürlich weiß auch der Evangelist Lukas, dass kein Mensch darauf festgelegt werden kann, ganz zu den Guten *oder* zu den Bösen zu gehören. Das ist auch nicht seine Absicht. Ich höre seine Botschaft vielmehr so: Schaut euch doch die Früchte eines Menschen an, das, was er *tut*, dann erkennt ihr, wer er ist. Jeder hat die Möglichkeit, sich zu entscheiden, seine Fähigkeiten zum Wohl oder zum Schaden seiner Mitmenschen einzusetzen. Lasst euch nicht von schönen Worten blenden, die durch Taten Lügen gestraft werden!
„Jeden Baum erkennt man an seinen Früchten." Gutes Erdreich und gedeihliches Wetter gehören sicher mit zu den Wachstumsbedingungen, wenn ein Baum gute Früchte hervorbringen soll. Das gilt auch für den Menschen. Auch er braucht eine Umgebung, die ihm hilft, seine besten Kräfte zu entfalten. Er braucht Ermutigung, *seinen* Beitrag zum Gelingen menschlicher Gemeinschaft einzubringen, unabhängig davon, ob seine *Früchte* in den Augen der anderen klein oder groß geraten. Vielleicht sind manche *Früchte* nur deshalb *sauer* oder gar *ungenießbar*, weil das Umfeld *sauer* ist.
Jeder von uns ist Teil des Umfeldes für andere; jeder ist deshalb auch mitverantwortlich, ob mehr die positiven Fähigkeiten des anderen oder mehr seine Schattenseiten dominieren. Ich selbst kann etwas dafür tun, dass bei meinen Mitmenschen die besten *Früchte* heranreifen. Sich dafür verstärkt einzusetzen, könnte das nicht zugleich eine gute *Frucht* an meinem eigenen Lebensbaum sein?

Baumkrone

„Gott lässt die Bäume nicht in den Himmel wachsen." Die Wahrheit dieses Sprichwortes wird mancher anzweifeln. Lehrt nicht die Erfahrung, dass manche Bäume über ein schier unbegrenztes Wachstum verfügen? Niemand scheint ihnen Einhalt zu gebieten. Sie bilden eine herrliche Krone, genießen viel Sonnenlicht, während die kleinen Bäume in ihrem Schatten stehen. – Denen, die sich auf Kosten anderer breit machen, will das Sprichwort eine *Warnung* sein: Stellt euch nicht über andere. Werdet nicht hochmütig, sonst verweist man euch eines Tages deutlich in eure Schranken. – Denen, die sich unterdrückt fühlen, will es *Trost* und *Ermutigung* sein: Lasst euren Kopf nicht hängen. Eure Unterdrückung kann nicht auf Dauer so weitergehen. Gott lässt das nicht zu. Eines Tages wird er den mächtigen Baum zurechtstutzen: Er lässt ihn nicht in den Himmel wachsen.

Wie bei vielen anderen Sprichwörtern ist uns meistens gar nicht bewusst, dass es sich ursprünglich um ein Wort der Bibel handelt.

Der Prophet Ezechiel soll dem ägyptischen Pharao im Namen Gottes ansagen, dass seine Glanzzeit vorüber ist. Dabei schildert er zunächst die Größe und Macht des Königs im Bild einer prächtigen Zeder. Sie übertrifft alle anderen Bäume an Schönheit – von der Wurzel bis zum Wipfel. Doch weil sie wegen ihrer Höhe überheblich wird, muss sie gefällt werden. Solche Überheblichkeit, so verkündet der Prophet, hat Konsequenzen. Gott beschließt: „Darum soll kein Baum mehr am Wasser emporwachsen und mit seinen Wipfeln in die Wolken ragen, keiner der Bäume am Wasser soll mehr so hoch und mächtig dastehen" (Ez 31, 14).
In einem anderen Zusammenhang spricht der gleiche Prophet davon, dass Gott es ist, der die Höhe der Bäume

bestimmt: „Ich mache den hohen Baum niedrig, den niedrigen mache ich hoch. Ich lasse den grünenden Baum verdorren, den verdorrten erblühen" (Ez 17, 24).

Solche Rede, die Gott ein direktes Eingreifen in die Geschicke der Welt zuschreibt, mag zwar für manche Menschen wie Musik in den Ohren klingen, für andere aber bringt sie massive Probleme. Vielleicht fragen auch wir uns: „Was ist das für ein Gott, der die Bäume nicht wachsen lassen kann, wie *sie* wollen? Hat Gott es nötig, unsere hoch fliegenden Pläne zu zerstören?" Andere, die das hören, werden vielleicht sagen: „Dann ist also *Gott* schuld, wenn mein Baum keinen Platz an der Sonne hat, wenn er schief wächst oder in den Stürmen des Lebens so manche Narbe davonträgt."

Für den Propheten Ezechiel und die Glaubenden seiner Zeit war es klar: Gott weiß um alles, was geschieht, kein Blatt fällt vom Baum, ohne dass er davon Kenntnis hat. Ebenso klar war es für sie, dass Gott sein Tun nicht vor uns Menschen rechtfertigen muss, weil er ja *Gott* ist. Letztlich vertrauten sie: Gott meint es gut mit uns – zu jeder Zeit. In solchem Vertrauen konnten sie auch das annehmen, was ihnen schwer wurde, was sie nicht verstehen konnten. Gott weiß, warum, das genügt!

Was für die Glaubenden damals galt, gilt auch heute. Gott allein weiß, warum wir dunkle Stunden des Unverstandenseins, der Krankheit oder Einsamkeit durchleben müssen. Er muss uns darüber keine Rechenschaft ablegen. – Ein Wort aus unseren Tagen zeigt, dass Menschen auch heute versuchen, solche Zeiten im Vertrauen auf Gott zu bestehen:
„Wenn der Herr deinen Lebensbaum schüttelt, dass die Blätter herunterfallen, was will er anderes, als dass du durch die kahlen Äste und Zweige den lichten Himmel um so besser siehst?" (Verfasser unbekannt).

Gott – wie ein Baum

Rabbi Bunam, so erzählt eine chassidische Geschichte, sprach einmal: „Wenn ich die Welt betrachte, erscheint es mir zuweilen, als sei jeder Mensch ein Baum in der Wildnis, und Gott habe in seiner Welt keinen anderen als ihn allein, und er keinen, dem er sich zuwenden könnte, als Gott allein."

Der Mensch, ein einsamer Baum in unfreundlicher Umgebung, aber von Gott in einzigartiger Weise umsorgt? Trifft das *unsere* Wahrnehmung? Sehen wir so uns selbst und unsere Beziehung zu Gott? Vielleicht stimmen wir dem ersten Teil durchaus zu, der Erfahrung des Alleingelassenseins wie in einer Wüste, nicht aber der Erfahrung einer wechselseitigen Zuwendung zwischen Gott und uns? Vielleicht fragen wir auch: „Wenn die Geschichte mehr sein will als ein schönes Bild, wie kann *ich* ihre Wahrheit erfahren?"

Rabbi Bunam weiß, wie schwer es ist, Erfahrungen mit Gott angemessen in Worte zu fassen. Deshalb greift er zu diesem Bild vom Baum. Das ist gute jüdische Tradition. Auch die Bibel spricht in Bildern vom Menschen und von Gott. Dabei ist der Vergleich des *Menschen* mit einem Baum ein gängiges Bild. Dass aber beim Propheten Hosea *Gott* sich als Baum bezeichnet, ist eher etwas Besonderes: „Ich bin wie der grünende Wacholder, an mir findest du reiche Frucht" (Hos 14, 9).

Israel hatte sich zur Zeit des Propheten von den religiösen Praktiken anderer Völker anstecken lassen und verehrte Gott im Kreislauf der Natur. Nun verkündet Jahwe, dass er bereit ist, das umkehrwillige Volk erneut als *sein* Volk anzunehmen: „Ich werde für Israel da sein wie der Tau …, sie werden wieder in meinem Schatten wohnen …" (Hos 14, 6.8). Gipfel der Zusage Gottes – in Bildern der Natur ausgedrückt – ist die Selbstbezeichnung: „Ich bin wie der grünende Wacholder, an mir findest du reiche Frucht." Mit anderen Worten: „Was du suchst, Israel, findest du an mir. Du brauchst nicht anderswo zu suchen. *Ich* bin es, der dich nährt. Ich bin dein Lebensbaum!"

Gott, der nährende Fruchtbaum für die Seinen. Ist das eine Wahrheit, die nur für vergangene Zeiten galt, oder gilt sie heute noch? Und da stellt sich wieder die Frage, wie *ich* daran beteiligt sein kann?

Beim Propheten Hosea wird deutlich: Gott bietet sich als Lebenskraft an für sein Volk. Ob Israel *be*greift und die Chance *er*greift, bleibt offen. Eins ist klar: Die anderen Völker und ihre Götter haben als Hilfsquellen für Israel versagt. Am Nullpunkt angekommen, eröffnet Gott seinem Volk eine neue Lebensperspektive: „Ich bin wie der grünende Wacholder, *an mir* findest du reiche Frucht."

Was damals galt, es gilt auch heute für uns. Das Angebot von Gott her steht. Ohne Vorleistung auf unserer Seite bietet er sich an als Frucht, die uns nährt, als Lebensgrundlage. Gewähr dafür gibt uns ein Wort Jesu. Man könnte denken, es sei eine Übersetzung des Prophetenwortes, wenn er sagt: „Ich bin der Weinstock, ihr seid die Reben. Wer in mir bleibt und in wem ich bleibe, der bringt reiche Frucht; denn getrennt von mir könnt ihr nichts vollbringen" (Joh 15, 5).
Damit ist das Entscheidende gesagt: Es kommt darauf an, die Frucht des grünenden Wacholders *anzunehmen* bzw. mit dem Weinstock *in Verbindung zu bleiben*. Je intensiver diese Verbindung auch von uns aus gesucht und gepflegt wird, um so mehr kann das Wort von Rabbi Bunam für jeden von uns zur persönlichen Erfahrung werden: Gott hat keinen als mich allein, und ich habe keinen, dem ich mich zuwenden könnte, als Gott allein.

Von Steinen

Der Stein der Erinnerung

Glücklich, wer die Erfahrung kennt: „Ich habe bei jemandem einen ‚Stein im Brett'!" Was gemeint ist, wissen wir: Ich bin dem anderen wichtig. Meine Meinung gilt ihm etwas. Vielleicht habe ich sogar gewisse Vorrechte bei ihm ... – Seltsam, dass wir den *Stein* als Symbol für eine zwischenmenschliche Beziehung wählen. Der Stein ist hart, unbeweglich, kann verletzen. Zugleich aber erweist er sich positiv als fest, zuverlässig, dauerhaft. Die Doppeldeutigkeit des Steinsymbols kann durchaus die Zwiespältigkeit mancher Beziehung widerspiegeln.

Der Stein – ein Bild für den Menschen. Wir sprechen vom *Herzen aus Stein* und vom *Stein des Anstoßes*, nennen jemanden kostbar wie einen *Edelstein* oder rühmen seine *felsen-feste* Treue.

Von Steinen in unterschiedlicher Bedeutung spricht auch die Bibel. Jakob, der Stammvater der zwölf Stämme Israels, ist unterwegs – auf Brautsuche, aber auch auf der Flucht vor seinem Bruder Esau, den er um das Erstgeburtsrecht und den Segen des Vaters betrogen hat. Nachts ruht Jakob auf einem Stein. Was er im Traum sieht und hört, beeindruckt ihn so sehr, dass er am Morgen Gott ein Versprechen macht. Der Stein, auf dem er geruht hat, wird zum sichtbaren Zeichen für seine Gotteserfahrung. Später soll daraus ein Gotteshaus werden, wenn Jakob heil und gesund heimkommt.

Gott hält seine Zusage Jakob gegenüber: „Ich bin mit dir, ich behüte dich, wohin du auch gehst, und bringe dich zurück in dieses Land" (Gen 28, 15). Und Jakob löst sein Versprechen ein: „Jakob richtete an dem Ort, wo Gott mit

ihm geredet hatte, ein Steinmal, einen Gedenkstein, auf" (Gen 35, 14). Bet-El, Haus Gottes, nennt er diesen Ort der Begegnung mit Gott.
Ein Stein der Erinnerung an Gottes Hilfe und Treue, stummer Zeuge einer Erfahrung, für die Worte nicht ausreichen. Ein Stein wider das Vergessen.
Denkmäler aus Stein gibt es überall, zum Beispiel für berühmte Persönlichkeiten. Ihre Bedeutung in der Geschichte der Menschheit soll nachkommenden Generationen bewusst bleiben. – Wie schnell aber wandelt sich das Urteil der Geschichte. Wie schnell werden Denkmäler demontiert. Ist also die Zeit für Gedenksteine vorbei?
Schauen wir in unsere eigene Geschichte. Gibt es da Gedenk*steine* für wichtige Erfahrungen in unserem Leben? Wie gehen wir um mit herausragenden Ereignissen unserer persönlichen Lebensgeschichte? Bleiben sie durch kleine, sichtbare Zeichen im Gedächtnis und im Herzen bewahrt? Es müssen nicht kostspielige Dinge sein. Es kann ein *Foto* sein als Erinnerung an glückliche Tage, ein *Stein* oder eine *Muschel* als Urlaubserinnerung. Es kann der Freundschafts- oder Ehe*ring* sein als Symbol gegenseitiger Treue.
Manches dieser persönlichen Erinnerungsstücke kann Wehmut oder Trauer auslösen, wenn Beziehungen zerbrochen sind, wenn ein lieber Mensch uns durch den Tod entrissen wurde, wenn wir möglicherweise selbst einstiges Glück zerstört haben …
Jakobs Begegnung mit Gott könnte uns heute ermutigen zurückzuschauen: Erinnern *wir* uns an Orte und Zeiten, da Gott zu *uns* geredet hat? Gibt es dafür noch Gedenksteine – vielleicht aus Kindertagen? Vielleicht haben auch da Ent-täuschungen uns ernüchtert oder gar einen Bruch mit der Gemeinschaft der Glaubenden provoziert?
Auch Jakobs Weg verlief nicht immer gradlinig. Aber im Rückblick auf sein Leben sehen wir: *Jakob* hatte bei Gott einen *Stein im Brett*, zugleich aber gilt: *Gott* hatte bei Jakob einen *Stein im Brett*.

Der steinige Weg

„Das ist ein mühsames Steineklopfen", sagen wir, wenn unser Einsatz keine Ergebnisse zeigen will. Dabei drückt das Bild, das wir unbewusst wählen, unmittelbar aus, was wir erfahren: Steine klopfen *ist* eine anstrengende und unter Umständen ergebnislose Arbeit.

Eine kleine Geschichte erzählt von drei Bauleuten, die Steine klopfen. Gefragt, was sie tun, antwortet der erste: „Ich klopfe Steine." Damit hat sich's für ihn. Der zweite sagt: „Ich verdiene meinen Lebensunterhalt." Weil das notwendig ist, akzeptiert er die Plackerei. Der Nutzen seines Tuns liegt auf der Hand. Der dritte antwortet: „Ich baue einen Dom." Natürlich gilt auch für ihn, dass er sich mühen muss, seine Arbeit zu schaffen. Gleichzeitig aber erhält sein Tun für ihn einen Sinn, der über den notwendigen Erwerb des Lebensunterhalts hinausgeht.

Manchmal denken wir morgens voll Grauen an Aufgaben, die uns bevorstehen, weil sie für uns wie *Steine klopfen* sind. Vielleicht sind es Gespräche mit Menschen, die wir überzeugen müssten, die wie ein *harter Brocken* auf unserem Weg liegen, oder es geht um die Zusammenarbeit mit Partnern, die alles andere als partnerschaftlich vorgehen, um Probleme in der Familie …
Der tägliche Lebenskampf erweist sich für viele von uns als *steiniger Weg*, im Beruf ebenso wie im privaten Leben, wo andere uns – mehr oder weniger bewusst – Steine in den Weg legen – oder wir ihnen.

Steine auf den Straßen des Lebens gab es und gibt es zu allen Zeiten. – Der Prophet Jesaja fordert zu seiner Zeit im Namen Gottes die aus babylonischer Gefangenschaft Heimkehrenden auf: „Baut, ja baut eine Straße, und räumt die Steine beiseite!" (62, 10). Seine Zuhörer verstehen, was er damit verkündet: Gott selbst wird kommen.

Er wird in Jerusalem wieder Einzug halten. Dafür macht euch bereit. Ebnet die Straßen eures Lebens. Räumt die Stolpersteine in euren Beziehungen aus. Rüstet euch für die Rettung, die von Gott zu euch kommt!

„... räumt die Steine beiseite!" Das forderte auch im Israel des 6. Jahrhunderts v. Chr. zunächst einmal, dass man dem Propheten *glaubte*. Nach fast sechzig Jahren des Exils war das keineswegs selbstverständlich. Nur wer dem Wort Gottes vertraute, ging ans Werk. Sein Leben erhielt einen neuen Sinn. Und Freude kehrte ein in dem Bemühen, auch seine innere Lebens-Straße von alten *Steinbrock-en* freizuschaufeln.

„Das hört sich ja ganz schön an", wird mancher einwenden, „aber so einfach ist das nicht, wenn ich mir die Steine auf *meinem* Weg anschaue!" – In der Tat, so einfach ist das gar nicht. Selbstverständlich werfen wir nicht mit Steinen. Aber harte Worte fliegen auch bei uns hin und her und verletzen wie Steine. Da wird jemand zur Zielscheibe unserer Kritik oder einfach lächerlich gemacht. Das zerschlägt mehr, als ein Stein zerstören kann.

„... räumt die Steine beiseite", die ihr als Grenzsteine trennend voreinander aufrichtet, „baut eine Straße", auf der ihr einander in Frieden begegnen könnt! So könnte der Prophet heute mahnen. Geduld und Ausdauer heißen die täglich notwendigen kleinen Schritte. Vielleicht kann mancher *Stein* nur geschliffen, nicht aber beseitigt werden. – „Steter Tropfen höhlt den Stein", sagt das Sprichwort. Stete Zeichen des Wohlwollens, der Akzeptanz erweichen die Abwehrhaltung des anderen. Unsere eigene Sehnsucht nach Frieden weist uns den Weg.

Ob wir die *Steine* auf unserem Weg nur als *störend* und *hinderlich* betrachten oder sie als Herausforderung annehmen, liegt an uns. Ein Perspektivenwechsel kann neue Erfahrungen ermöglichen: „Das Leben ist manchmal ein steiniger Weg. Ich habe schon viele schöne Steine gefunden" (R. Schaller).

Den Stein ins Rollen bringen

Ein Stein, der ins Rollen kommt, löst ganz unterschiedliche Reaktionen aus bei allen, die davon betroffen sind. Die einen sind froh, dass sich überhaupt etwas bewegt: „Endlich tut sich etwas, die Stagnation ist vorbei!" Andere beobachten kritisch, in welche Richtung der *Stein* rollt: „Will ich, dass eine Sache *diesen* Kurs nimmt? Muss ich hier nicht bremsen oder korrigierend eingreifen?" Je nachdem, wie der Steinbruch der eigenen Geschichte betroffen ist, werden wir die Bewegung begrüßen und fördern oder aber ablehnen und aufzuhalten versuchen. Manchmal genügt allein die Tatsache, dass dieser oder jener *Typ* den Stein ins Rollen gebracht hat, und unsere Entscheidung ist klar.
Es können am Anfang ganz winzige Steinchen sein – eine neue Idee wird vorgetragen, ergänzt …, ein Baustein kommt zum anderen, bis schließlich ein ganz konkreter Plan auf dem Tisch ist, der neue Wege beschreiten lässt.

Wer von uns wünschte nicht, dass endlich der Stein *Gerechtigkeit in Frieden* ins Rollen käme und alle Völker erreichte?! Dabei ist klar, dass dieser *Stein* nicht von selbst in Bewegung kommt. Er lässt sich auch nicht durch Friedensparolen oder durch Strafandrohung erreichen. Das größte Hindernis ist ein *steinernes Herz,* das starr und unbeweglich bestimmt, was möglich ist.

Kurz und prägnant formuliert Erich Fried in seinem Gedicht *Antwort*: „Zu den Steinen hat einer gesagt: Seid menschlich. Die Steine haben gesagt: Wir sind nicht hart genug." – Welch schmerzhafte Erfahrungen verbergen sich hinter solchen Aussagen! Der Mensch – härter als die Steine? Wenn es im Sinne des Gedichtes gegen die *Natur des Steines* ist, menschlich zu sein, sollte dann nicht auch umgekehrt gelten: Es ist gegen die *Natur des Menschen,* hart wie ein Stein zu sein?

Vielleicht ist es das schärfste Urteil, das wir über einen Menschen fällen, wenn wir von ihm sagen, er habe ein *Herz aus Stein*. Damit bescheinigen wir ihm Gefühllosigkeit und Herzenshärte. Der Volksmund sagt: „Da beißt man auf Granit."

Die Propheten in Israel sind oft im Namen Gottes gegen die Herzenshärte des Volkes aufgetreten. Ein hartes Herz verschließt sich gegenüber Gott und seinem Geist und folglich auch gegenüber den Mitmenschen. Weil Israel aus eigener Kraft einen Kurswechsel nicht schafft, macht Gott den Anfang. Er bringt den Stein ins Rollen, wenn er durch den Propheten Ezechiel ansagen lässt: „Ich schenke euch ein neues Herz und lege einen neuen Geist in euch. Ich nehme das Herz von Stein aus eurer Brust und gebe euch ein Herz von Fleisch" (36, 26).

Eine solche *Herztransplantation* ist immer schmerzhaft. Sie braucht gute Voraussetzungen, um zu gelingen. Wird unser ganzer Organismus das Herz aus Fleisch überhaupt annehmen? – Der Prophet weiß, dass dieses neue Herz nur dann lebensfähig ist, wenn es dem neuen Geist Raum gibt. ER führt neue Wege. Die ersten Gehversuche hin zu den Mitmenschen werden vielleicht unbeholfen sein. Allmählich aber entdecken wir: Es ist gut, sich nicht weiter als einen Steinwurf, auf Rufweite, voneinander zu entfernen.

Für unser Beispiel *Gerechtigkeit in Frieden* heißt das: In unserem Herzen muss der Friede beginnen, wenn der Stein ins Rollen kommen und weltweit bewegen soll.
Ein Lied drückt die gleiche Wahrheit so aus:
„Ins Wasser fällt ein Stein, ganz heimlich, still und leise.
Und ist er noch so klein, er zieht doch weite Kreise.
Wo Gottes große Liebe in einen Menschen fällt,
da wirkt sie fort, in Tat und Wort, hinaus in unsre Welt."

Der Stein des Anstoßes

„Immer wieder ist er ein *Stein des Anstoßes*", sagen wir, wenn die Worte oder das Verhalten eines Menschen dem „Schicklichen" widersprechen. Manchmal haben wir sogar den Eindruck, der andere sonnt sich darin, seine Mitmenschen durch sein anstößiges Verhalten aufzustören oder zur Stellungnahme herauszufordern.

Liegt der *Stein des Anstoßes* immer bei dem, der uns dazu bringt, uns über ihn zu ärgern? Oder könnte es auch sein, dass sein Verhalten etwas anstößt, das in *mir* verhärtet ist und notwendig in Bewegung kommen muss? Ist, mit anderen Worten, der *Stein des Anstoßes* nur *ärgerniserregend* oder ist er auch *denk-anstößig*?

In unserer Umgebung beobachten wir tagtäglich Dinge, die wir als provozierend empfinden. Da beschneidet jemand dreist unsere Rechte, indem er uns die Vorfahrt nimmt. Da trägt jemand eine besonders auffallende Kleidung. Da sehen wir die aufreizenden Titelseiten der Zeitschriften am Kiosk, die reißerische Reklame an den Kinos. *Ärgerniserregend* oder *denk-anstößig* oder *beides*?

Sicher ist, dass der *Stein des Anstoßes* immer auch mit mir selbst zu tun hat, sonst würde ich ihn gar nicht registrieren. Vielleicht sind wir selbst auch schon ungewollt zum *Stein des Anstoßes* geworden, weil wir in einer Sache Stellung bezogen haben – anders als die anderen.

Wen wundert es da, wenn die Christen zu allen Zeiten *Stein des Anstoßes* sind in einer Gesellschaft, die andere Maßstäbe kennt als die christlichen? Die Ursache dafür liegt im Ursprung des Christentums. Jesus Christus wird nicht ohne Grund der *Eckstein* genannt. Ein Eckstein hat die wesentliche Funktion, das Gebäude zusammenzuhalten. Zugleich aber ist er so platziert, dass man sich an ihm stoßen kann.

Im ersten Petrusbrief greift der Apostel das Wort vom Eckstein auf, das schon im Alten Testament bekannt ist.

Es ist ihm sehr wichtig, weil er in diesem Eckstein, Jesus Christus, eine Herausforderung für Nichtchristen und auch für die Christen selbst erkennt: „Seht her, ich lege in Zion einen auserwählten Stein, einen Eckstein, den ich in Ehren halte; wer an ihn glaubt, der geht nicht zugrunde." Und etwas weiter heißt es im Blick auf das Schicksal, das Jesus erlitten hat: Er wurde von den „Bauleuten" verworfen, ist aber „zum Eckstein geworden, zum Stein, an dem man anstößt, und zum Felsen, an dem man zu Fall kommt" (1 Petr 2, 7f).

Der „Eckstein Jesus Christus" – ein „Stein des Anstoßes", der zur Entscheidung herausfordert – damals und heute. Nehmen wir die Herausforderung an?
Jesus, der „Stein, an dem man anstößt", der „Felsen, an dem man zu Fall kommt"? Passt das zum Jesusbild der Bibel? Da ist er doch der barmherzige Helfer der Armen, Kranken und Unterdrückten, der leidenschaftlich Engagierte, wenn Menschen an den Rand des Lebens gedrängt werden ... – Ein *Stein* hat kein Erbarmen.

Offensichtlich haben die Jünger Jesu mit ihm diese Erfahrung gemacht: An diesem Jesus von Nazaret *scheiden* sich die Geister. Man kann ihm nicht begegnen und anschließend weitermachen wie bisher. Er ist und bleibt *denkanstößig*. – Jesus, der Eckstein, gibt dem Ganzen den nötigen Halt. Erfahren kann das aber nur, wer sich an ihn *hält*. Ohne ihn ist der Glaube buchstäblich *haltlos*. Solche Erfahrungen mitzuteilen ist schwer. Deshalb lädt der erste Petrusbrief in paradoxer Redeweise ein: „Kommt zu ihm, dem *lebendigen Stein* ... Lasst euch als *lebendige Steine* aufbauen ..." (2, 4f).
„Kommt zu ihm ...!" Die Einladung gilt. Nehmen wir sie an? Oder trifft für uns, was Rabindranath Tagore in einem ähnlichen Bild so formuliert:
„Gott möchte, dass wir ihm einen Tempel aus Liebe bauen, die Menschen aber bringen (tote) Steine."

Der kostbare Stein

Zwei Freunde, so erzählt eine kleine Geschichte, staunen in einem Juwelierladen über die wunderschönen Edelsteine. Ihre Vielfalt, ihr Leuchten und Glitzern fasziniert sie. Doch plötzlich stutzen sie über einen matten, glanzlosen Stein mitten zwischen den anderen. Was soll hier ein ganz gewöhnlicher Stein? Der Juwelier lächelt und fordert sie auf: „Nehmen Sie diesen Stein ein paar Augenblicke in die Hand." Als sie die Hand wieder öffnen, strahlt der vorher so glanzlose Stein in herrlichen Farben. Der Fachmann erklärt: „Das ist ein Opal, ein sogenannter sympathetischer Stein. Er braucht nur die Berührung durch eine warme Hand, und schon zeigt er seine Farben und seinen Glanz. In der Wärme entzündet sich leise und lautlos sein Licht."

Wer kennt nicht solche Wirkungen von Sympathie, von Anteilnahme, wie sie hier an einem Edelstein verdeutlicht werden. Die Nähe eines Menschen kann verborgene Fähigkeiten im anderen wecken und fördern. Im Bild des Edelsteins, eines Wunderwerks der Natur, überträgt die Geschichte etwas von seiner Symbolkraft auf die Wunderwerke zwischenmenschlicher Beziehungen.

Edelsteine haben eine besondere Anziehungskraft, weil sie schön sind, kostbar und selten. Dabei können sie sinnbildlich durchaus für gegensätzliche menschliche Eigenschaften stehen. So gilt der Diamant zum Beispiel angesichts seiner Härte einerseits als Symbol für Herzenshärte, Verstocktheit und Grausamkeit, zugleich aber für Tapferkeit, Kühnheit und Standhaftigkeit.

„Das Bergwerk ist immer größer als der Edelstein", hat einmal jemand gesagt. Heißt das nicht auch: Die Vielfalt menschlicher Möglichkeiten ist immer größer als das, was der einzelne Mensch verwirklichen kann?

Das letzte Buch der Bibel spricht von einem neuen Jerusalem. Alles in der Stadt ist überaus kostbar und vollkommen. „Die Grundmauern der Stadt sind mit edlen Steinen aller Art geschmückt ..." (Offb 21, 19). Dass es zwölf Steine sind, greift symbolisch die zwölf Stämme Israels auf. Die hier genannten Edelsteine schmückten im Alten Bund den Brustschild des Hohenpriesters (vgl. Ex 39, 14). Wenn schon die *Grund*steine der Stadtmauer so kostbar sind, um wieviel mehr wird dann erst das Innere der Stadt Gottes Herrlichkeit widerspiegeln!
Diese Stadt ist Symbol der neuen Welt Gottes. Not, Tod und Elend sind dann für immer vorbei. Gott und Mensch begegnen sich unmittelbar.

Edelsteine sind ein beliebtes Sammelobjekt. Warum? Hebt der Wert der Steine unbewusst unseren eigenen Wert? Schätzen wir sie als Zeichen von Reichtum, als Ausdruck von Macht? Oder sprechen wir ihnen gar magische Kräfte zu? – Welch reichhaltige und geheimnisvolle Symbolik verbirgt sich im Edelstein! Dabei fasziniert uns nicht nur die Vergleichbarkeit der Steine mit menschlichen Eigenschaften oder Beziehungsqualitäten. Im Edelstein spiegelt sich auch eine *religiöse Sehnsucht* des Menschen wider. Er möchte unzerstörbar, unverletzbar sein wie ein Diamant und kostbar, etwas Besonderes wie ein Smaragd. Vor allem aber möchte er dauerhaft sein, bleiben, nicht vergehen müssen.
Das neue Jerusalem mit seinen wertvollen Steinen spricht in Bildern von der christlichen Hoffnung auf Dauer, auf Bleiben, auf Vollendung. Begründet sieht der Glaube solche Hoffnung in Gottes unverbrüchlicher Treue.
Wir sammeln Steine, freuen uns an ihrer Schönheit, bestaunen ihre Vielfalt. Könnte nicht jeder Edelstein in unserer Hand – recht verstanden – zu einem *sympathetischen* Stein werden, der unsere *Sympathie* wach hält für eine noch ausstehende herrliche Erfüllung unseres Lebens?

Der weiße Stein

Von den Perlenfischern wird erzählt, dass sie sich durch einen ganz bestimmten Ritus auf ihre Arbeit vorbereiten. Sie verlassen ihre Hütten und begeben sich an den Strand. Dort legen sie alles beiseite, was sie beim Tauchen hindern könnte. Dann fetten sie ihren Körper ein und suchen einen geeigneten Stein, der ihnen hilft, zu den Perlen abzutauchen.
Vorbereitung auf die Arbeit, wird mancher denken, nichts Besonderes. Und doch spricht eine solche Geschichte uns an. – Fasziniert uns die *Kostbarkeit* der Perle, wenn wir hören, auf welche Weise sie aus den Tiefen des Meeres ans Licht gefördert wird? Bewegt uns das *zielstrebige Verhalten* der Perlenfischer? Oder weckt das Ganze in uns den Wunsch, ein solch klares *Ziel* vor Augen zu haben wie sie und *bereit* zu sein, *alle nötigen Mittel einzusetzen*, dieses Ziel auch zu erreichen?

Was sich bei den Perlenfischern als so stimmig erweist, erfahren *wir* im Alltag oft keineswegs als so glatt und selbstverständlich. Gefragt nach dem Ziel seines Lebens, seiner Bereitschaft, dieses Ziel anzusteuern und den dafür geeigneten Weg zu beschreiben, wird mancher mit den Achseln zucken. Das ist für ihn eine Größe mit drei Unbekannten: Ziel – Bereitschaft – Weg zum Ziel.
Woher soll *ich* wissen, wohin alles führt – in Politik und Wirtschaft, in der Gesellschaft und im eigenen Leben?!
Wie soll *ich* einschätzen können, wie weit mein Wille reicht, wenn ich Rückschläge erlebe, Erfolglosigkeit riskiere oder wenn mir ganz einfach die Luft ausgeht?!
Wie soll *ich* bei der Fülle von Methoden und verlockenden Mitteln aller Art entscheiden können, was richtig ist?!
In einem paradoxen Schlagwort unserer Zeit heißt das Ganze: „Nichts Genaues weiß man nicht!" Und wie soll da einer den berühmten *Stein der Weisen* finden? Mit den

Perlenfischern gesprochen: Wie soll ich da den *geeigneten Stein* finden, der mir hilft, das Ziel meines Lebens zielstrebig anzugehen?
Natürlich nützt es nichts, eine Methode nach der anderen auszuprobieren, wenn ich gar nicht weiß, *wohin* mich diese Methode führen soll. Das Ziel und meine Bereitschaft sind vorrangig, sonst lande ich unter Umständen gerade dort, wohin ich auf keinen Fall wollte.

Die Geheime Offenbarung berichtet von Briefen an die Christengemeinden in Kleinasien. In der Gemeinde von Pergamon wird denen, die treu zu Gott stehen trotz mancher Infragestellung ihres Glaubens, zum Beispiel durch Irrlehren, verheißen: „Wer siegt, dem werde ich … einen *weißen Stein* geben, und auf dem Stein steht ein neuer Name, den nur der kennt, der ihn empfängt" (Offb 2, 1).
Der *weiße Stein* galt schon in der Antike als positives Zeichen: als Freispruch für den Angeklagten in der Gerichtsverhandlung, als Siegeszeichen bei Wettkämpfen oder Wahlen. Diese positiven Bedeutungen sind auch in die religiöse Deutung des *weißen Steins* eingegangen.

Im Brief an die Gemeinde ist es Jesus Christus, der dem Sieger, dem Glaubenden, die Erfüllung seiner Sehnsucht zusagt. Der *weiße Stein* ist so etwas wie die Eintrittskarte ins Reich Gottes. Der neue Name zeigt dem Empfänger das Neue seines Lebens an: Er ist am Ziel; er ist bei Gott.
Eintrittskarten haben ihren Preis. Die Aussicht auf den *weißen Stein* und den *neuen Namen* will Mut machen: Scheut den Einsatz nicht! Es lohnt sich! Verliert das Ziel nicht aus den Augen! Lasst euch nicht irremachen!

Manchmal kann ein sichtbares Zeichen gute Dienste tun, zum Beispiel ein kleiner Kieselstein aus dem Bach. Vielleicht schreiben wir einen Namen darauf oder ein Symbol. Das könnte uns erinnern: Denk an den *weißen Stein*! Denk an Gottes felsenfeste Treue!

Spruchweisheiten

Fleißige und Faule

„Für den Fleißigen hat die Woche sieben Heute, für den Faulen sieben Morgen." Über ein solches Sprichwort werden manche schmunzeln. Andere aber werden sich ärgern über eine solch simple Einteilung, weil sie sich damit weder identifizieren können noch wollen. Und für Menschen, die heute nicht arbeiten, weil sie durch Krankheit oder Arbeitslosigkeit daran gehindert sind, trifft der Satz überhaupt nicht.

Sprichwörter differenzieren nicht so, dass eine Aussage für alle Fälle passt. Dennoch bergen sie viele Erfahrungen, drücken oft auf sehr einfache Weise tiefe Wahrheiten aus.

Der *Fleißige* – im Sinne dieser Spruchweisheit – könnte das Wort für sich so interpretieren: „Jeder neue Tag der Woche ist ein Tag, den ich gestalten kann durch meinen Einsatz; ein Tag, dem ich meinen persönlichen Stempel aufdrücken kann." Er fühlt sich herausgefordert durch unterschiedliche, ihm noch unbekannte Möglichkeiten. Und der *Faule* könnte sagen: „Alles hat noch Zeit bis morgen. Immer schön langsam, nur nicht hetzen. Ich erledige das schon noch. Wart's ab." Von Herausforderung durch einen neuen Tag findet sich bei ihm keine Spur. Vielmehr findet das Sprichwort eine Verstärkung durch das sehr verbreitete Wort: „Morgen, morgen, nur nicht heute, sagen alle faulen Leute."

Wer sich und seine Arbeit kennt, weiß, *was* Zeit hat bis morgen und was unbedingt heute erledigt werden muss. Nicht alles lässt sich auf die lange Bank schieben oder erledigt sich durch Warten von selbst.

Dass uns nicht immer alles passt, was wir tun sollen, das weiß auch die Bibel. Jesus spricht davon in einem Gleichnis: Ein Mann hat zwei Söhne. Er fordert beide nacheinander auf: „Mein Sohn, geh und arbeite heute im Weinberg!" Obwohl der erste ja sagt, geht er nicht zur Arbeit. Obwohl der zweite mault: „Ich will nicht", geht er schließlich doch (vgl. Mt 21, 28ff).

Auch bei uns gibt es solche Ja-Sager, die nicht halten, was sie zusagen. Für Jesus sind nicht die *Worte* entscheidend, sondern die *Taten*. Er akzeptiert, dass uns nicht jede Aufgabe sogleich willkommen ist. Er akzeptiert, dass jemand seine erste Entscheidung zurücknimmt, weil er zu einer besseren Erkenntnis gekommen ist. – Wenn wir die damaligen Zuhörer Jesu berücksichtigen, wird deutlich, dass Jesus mit seinem Gleichnis mehr im Sinn hat, als unsere Unlust für eine bestimmte Arbeit in Lust zu verwandeln. Es geht im Zusammenhang des Textes um ein Ja oder Nein zu *Gott*, also um *Glauben*.

Der Glaube an Gott, so will Jesus sagen, kann nicht im bloßen Ja-*sagen* zu Gott bestehen, wenn man gleichzeitig so *lebt*, als gäbe es Gott gar nicht. Glauben heißt vielmehr: ja *sagen* und entsprechend *handeln*. Es heißt: so *handeln*, dass Gott auch in unserem Tun erkennt: Wir stehen zu ihm. Denn die Echtheit unseres Glaubens erweist sich – genau wie bei den Söhnen im Gleichnis Jesu – in unserem *Tun*, nicht in frommen Versprechungen. Wer Theorie und Praxis des Glaubens voneinander trennt, macht sich selbst etwas vor – ähnlich wie der Faule, der in der Illusion lebt: Das schaffe ich morgen alles noch, was heute zu tun ist.

Unser *Weinberg*, in den wir heute geschickt sind, hat viele Namen. *Einer* davon ist unsere Berufsarbeit. Ganz gleich, was ein Tag uns bringt, ganz gleich auch, wo wir stehen, für den, der glaubt, ist jedes Heute eine neue Chance, ja zu sagen zu Gott und daraus zu leben!

Am richtigen Platz

Wenn uns eine Aufgabe besonders groß oder extrem schwierig erscheint, wenn ihre Verwirklichung nicht absehbar ist, sagen wir gern: „So jemand muss erst noch geboren werden, der *das* schafft!" Dabei schwingt mit: Das geht überhaupt nicht; das *kann* niemand, das ist utopisch. Gleichzeitig schwingt aber auch etwas Hoffnung mit: Gäbe es doch jemanden, der das könnte!

Wenn wir von einem Menschen sagen, er sei für diese oder jene Aufgabe *geboren*, dann meinen wir damit: Er steht am richtigen Platz. Oft merken wir allerdings erst, wenn ein Platz neu besetzt werden muss, wie gut er vorher ausgefüllt wurde oder gerade nicht.

Die Bibel kennt von einigen bedeutenden Frauen und Männern eine eigene Geburtsgeschichte. Aus der Perspektive eines vollendeten, erfüllten Lebens schreiben die Verfasser etwas über den Lebensanfang. Ihre Absicht ist klar. Sie wollen verdeutlichen, dass *Gott* von Anfang an diesen Menschen mit seiner Liebe begleitet hat, weil er ihn für einen besonderen Dienst brauchte.

Johannes der Täufer ist ein solcher Mensch. Seine Geburt, so berichtet der Evangelist Lukas, wird dem Vater eigens von einem Engel angekündigt: „Große Freude wird dich erfüllen, und auch viele andere werden sich über seine Geburt freuen" (1, 14). Dass sich die schon betagten Eltern freuen, weil ihr Kinderwunsch doch noch erfüllt wird, ist selbstverständlich. Dass aber auch viele andere sich über die Geburt Johannes' des Täufers freuen, sagt Lukas, weil Johannes als Prophet Gottes später eine zentrale Aufgabe in Israel übernommen hat. Als Wegbereiter des verheißenen Messias war er der richtige Mensch am richtigen Platz. Er wusste, wann er die Menschen mit deutlichen Worten auf ihre notwendige Umkehr hinweisen konnte; aber auch, wann er selbst sich zurücknehmen musste, um dem Größeren Platz zu machen.

Gott braucht Menschen, die er in Dienst nehmen kann wie Johannes den Täufer – oder wie *Maria*, deren Geburtstag Christen am 8. September feiern. Von ihr haben wir keine Geburtsanzeige; von ihr wissen wir kein Geburtsdatum. Weil wir aber glauben, dass sie – wie kein anderer Mensch – geboren wurde, um in einzigartiger Weise für Gottes Anruf bereit zu sein, darum feiern wir diesen Tag.

Auch in Marias Leben zeigt sich für uns – ähnlich wie bei Johannes dem Täufer – erst im Rückblick: Sie war der richtige Mensch am richtigen Platz im Heilsplan Gottes.

Manchmal haben Kinder zwar einfache, aber treffende Antworten auf unsere Fragen. Im Religionsunterricht tauchte die Frage auf: „Warum ist Jesus nicht *früher* auf die Welt gekommen?" Die Antwort eines Kindes lautete: „Weil sich nicht früher eine Frau fand, die so bereit war für Gottes Willen wie Maria."

Geburtstage machen nachdenklich. Wir schauen zurück: Wie war das vergangene Jahr? Wir schauen nach vorn: Wie wird das kommende Jahr werden? Im Blick auf den Geburtstag Marias könnten wir auch fragen: Wozu bin *ich* geboren? Wo ist mein – unverwechselbar zu mir passender – Platz in der Welt? Freilich kann ich diese Frage nur stellen, weil ich überzeugt bin, dass jede und jeder zu etwas Einmaligem geboren ist. Dieses Einmalige auch im eigenen Leben neu oder tiefer zu entdecken, dazu könnte der Geburtstag Marias ein Anlass sein. Denn in jedem Glück- und Segenswunsch, den wir zum Geburtstag aussprechen, klingt etwas von der Freude auf: Es ist gut, dass es dich gibt!

Den eigenen Part spielen

Ein Sprichwort sagt: „Wer selbst nichts zu tun hat, macht andern die meiste Arbeit." Ein solches Wort in einer Zeit hoher Arbeitslosigkeit ausgesprochen, kann missverstanden werden. Es könnte zu der simplen Gleichsetzung verleiten: Jeder, der nicht arbeitet, ist faul; er ruht sich auf Kosten anderer aus. – Das aber kann hier nicht gemeint sein.

Sprichwörter spiegeln Lebenserfahrungen wider. Sie verstehen es – manchmal augenzwinkernd, manchmal mit erhobenem Zeigefinger – menschliche Schwächen aufzudecken in der Hoffnung, dass Einsicht dann der erste Schritt zur Besserung ist.

„Wer selbst nichts zu tun hat, macht andern die meiste Arbeit." Diesem Wort zuzustimmen, fällt deshalb nicht schwer, weil man solche Menschen kennt, Menschen,

die ganz gut wegschauen können, wenn andere arbeiten;

die immer beschäftigt sind, aber nichts schaffen;

die gar nicht oder selten auf die Idee kommen, selbst einmal mit anzufassen;

die unter Umständen ganz gern andere für sich arbeiten lassen – oder die nur an sich und ihre Freiräume denken nach dem Motto: „Wer die Arbeit kennt und sich nicht drückt, der ist verrückt."

Weil Arbeit ein so zentraler Lebensbereich ist, befassen sich viele Redewendungen mit unserem Verhältnis zur Arbeit.

Für den Apostel Paulus gilt der Grundsatz: „Wer nicht arbeiten *will*, soll auch nicht essen" (2 Thess 3, 10). So hat er es selbst gehalten. Obwohl er für seine Aufgabe als Verkünder des Wortes Gottes Anspruch gehabt hätte auf den Unterhalt durch die Gemeinde, hat er selbst auch handwerklich gearbeitet. Er wusste, wie schnell ihn seine Gegner als Schmarotzer anprangern würden, wenn er sich aus der praktischen Arbeit heraushielte. Es geht ihm um die Glaubwürdigkeit der Frohbotschaft. Er sieht die Gefahr, dass der Glaube als Vorwand dienen könnte, um auf Kosten anderer zu leben. Offensichtlich gibt es in der Gemeinde entsprechende Beispiele. Darum schärft Paulus den Christen diese Regel ein: „Wer nicht arbeiten will, soll auch nicht essen." Und er fährt fort: „Wir hören aber, dass einige von euch ein unordentliches Leben führen und alles Mögliche treiben, nur nicht arbeiten. Wir ermahnen sie und gebieten ihnen im Namen Jesu Christi, des Herrn, in Ruhe ihrer Arbeit nachzugehen und ihr selbstverdientes Brot zu essen" (2 Thess 3, 10-12).

In diesem Zusammenhang kann das Sprichwort: „Wer selbst nichts zu tun hat, macht andern die meiste Arbeit" als eine Variante des biblischen Textes verstanden werden. Denn es liegt auf der Hand, wenn ich selbst nichts tue, mache ich andern um so mehr Arbeit, da sie meinen Part mit übernehmen müssen.

Würde der Apostel Paulus heute anders sprechen im Blick auf die Christen an der Schwelle ins dritte Jahrtausend? Die goldene Arbeitsregel: „Wer nicht arbeiten *will*, soll auch nicht essen" hat nichts an Gültigkeit verloren. Sie ist eine deutliche Absage an jede Art von weltfremder Frömmigkeit, die sich die Hände nicht schmutzig machen möchte. Positiv formuliert bedeutet das: Unser Glaube fordert dazu auf, diese Welt zu gestalten. Ich soll mich einbringen mit meinen eigenen Fähigkeiten. Er fordert dazu auf, genau hinzuschauen, wo *ich* – unvertretbar – *meinen* Beitrag leisten kann und soll zum Gelingen des Ganzen.

So verstandener Glaube begreift die Arbeit des Menschen durchaus als eine Möglichkeit zur Selbstverwirklichung, zugleich aber als *eine* Weise, Gottes Liebe anzunehmen und zu beantworten.

An sich denken

„An sich denken ist ganz recht; *nur* an sich denken, das ist schlecht." – Meistens stoßen wir auf die Wahrheit dieses Sprichwortes, wenn uns Menschen begegnen, die sich an den zweiten Teil des Satzes halten, weil sie „*nur* an sich denken*"*. An sich selbst zu denken, erscheint in dieser Perspektive grundsätzlich als verwerflich. Dabei kann es durchaus sein, dass es nur unsere eigene dunkle Brille ist, die das Verhalten anderer als egoistisch und schlecht beurteilt.

Recht humorvoll besingt ein Lied diese Neigung, beim Mitmenschen anzuprangern, was vielleicht einen eigenen Schwachpunkt darstellt: „Die Menschen sind schlecht; sie denken an sich; nur ich denk' an mich." Niemand wird bestreiten wollen, dass ein ständiges Kreisen um seine persönlichen Bedürfnisse und Wünsche ein gutes Miteinander stört oder verhindert. Doch auch das Gegenteil gilt: *Nur* an die anderen denken und gar nicht an sich, erschwert das Zusammenleben und verhindert gelingende Gemeinschaft.

Im Lukasevangelium fragt ein Gesetzeslehrer Jesus nach dem Weg zum Leben: „Meister, was muss ich tun, um das ewige Leben zu gewinnen?" (10, 25). Jesus verweist ihn als Antwort auf das, was der Fragende im Gesetz selbst gelernt hat. Er lässt ihn zitieren: „Du sollst den Herrn, deinen Gott, lieben mit ganzem Herzen und ganzer Seele, mit all deiner Kraft und all deinen Gedanken, und: Deinen Nächsten sollst du lieben wie dich selbst" (10, 27). Dem ist, so Jesus, nichts hinzuzufügen: „Handle danach, und du wirst leben" (10, 28).

Gott lieben mit ganzer Kraft, mit Gedanken, Herz und Seele, das, verbunden mit echter Liebe zum Nächsten, haben viele von uns als Zentrum ihres Glaubens kennengelernt. Danach zu handeln, verbot, so glaubte man, sich selbst zu lieben. Der kleine Nachsatz: „Deinen Nächsten sollst du lieben *wie dich selbst*" geriet mehr und mehr aus dem Blickfeld. Er schien für die Verwirklichung der geforderten Gottes- und Nächstenliebe eher hinderlich.

Natürlich soll hier nicht eine egoistisch verstandene Selbstliebe zum Maßstab für die Nächstenliebe gemacht werden. Doch, was heißt eigentlich: sich selbst lieben? Wer sich selbst liebt, kann *ja* sagen zu sich, zu seinen Stärken und Schwächen, zu seinen Bedürfnissen und Hoffnungen. Er versteht es, Gutes zu genießen und ist im Umgang mit anderen auch selbst *genießbar*. Seinen Mitmenschen zu lieben wie sich selbst, hieße dann: Ich bringe die gleiche Sensibilität, die ich für *mich* habe, auch für dich auf. Ich schaue hin, was dir *jetzt* gut tut; versetze mich in deine Situation und handle *entsprechend*.

Der Argwohn gegenüber jeder Form von Selbstliebe muss sich in doppelter Weise befragen lassen:

Zum einen: Kann ich andere Menschen überhaupt richtig lieben, wenn ich mich selbst nicht mag; wenn ich mir selbst nichts gönnen kann, weil ich ja für andere dasein muss oder will?
Zum anderen: Stellt eine grundsätzlich negative Beurteilung der Selbstliebe nicht eine Verweigerung dar gegenüber dem Schöpfer des Lebens? Er sagt *ja* zu jeder und jedem Einzelnen von uns. Diese positive Zusage lehnt aber ab, wer sich eine gesunde Selbstliebe verbietet.

Die wahrhaft frohe Botschaft des Glaubens lautet: Liebe Gott, liebe deinen Nächsten *wie dich selbst*; denn *du* bist unendlich geliebt!

Die innere Antenne

Was war heute Morgen mein erster Gedanke, meine erste Tat? Kann ich mich noch daran erinnern? Manche Menschen kennen einen ganz bestimmten Ablauf, mit dem sie ihren Tag beginnen. Wenn dann etwas dazwischen kommt, fällt es ihnen oft schwer, den richtigen Tagesrhythmus zu finden.

Mahatma Gandhi sagt: „Das Gebet ist der Schlüssel am Morgen und der Riegel am Abend." Tagesanfang und Tagesende sind gleichsam *Schaltstellen*, wichtig für das Kommende. Das Gebet als Schlüssel am Morgen öffnet den Beter für den neuen Tag als einen Tag mit Gott. Wer bewusst am Beginn eines neuen Tages den Kontakt mit Gott aufnimmt – und das meint Beten –, weiß darum, dass er unter dem Schutz und Segen Gottes zuversichtlich in den Tag gehen kann. Gott ist in den Wechselfällen des Tages an seiner Seite. Wer den Tag bewusst betend beendet, der riegelt den Tag ab, indem er sich und alle Ereignisse dieses Tages *aus der Hand gibt*. Was gelungen und was misslungen ist, kann er loslassen und sich getrost der Ruhe der Nacht im Schutz Gottes anvertrauen.

„Das Gebet ist der Schlüssel am Morgen und der Riegel am Abend." Man kann eine solche Aussage abtun als psychischen *Trick*, mit dem man die Härten des Alltags oder das Dunkel der Nacht mildern will. Krasser gesagt: Man betet, weil man zu wenig Selbstbewusstsein und keinen Mut hat, das Leben allein zu meistern. – Den frommen Hindu Mahatma Gandhi würde ein solches Vorurteil gegen das Beten vermutlich kaum treffen. Seine *Erfahrung* hat ihn gelehrt, den „Schlüssel am Morgen" und den „Riegel am Abend", das Gebet, zu pflegen. Das schließt nicht aus, sondern ein, dass auch im Verlauf des Tages die Verbindung mit Gott erhalten bleibt – unabhängig von langen Zeiten ausdrücklichen Betens.

Das Gebet hat eine herausragende Bedeutung in allen Religionen. Es geht vor allem darum, dass der Beter oder die Beterin in Beziehung tritt mit Gott. Wie zwischen Freunden oft keine oder nur wenig Worte nötig sind, um sich einander zu vergewissern, so ist es für Menschen, die betend ihre *innere Antenne* auf Gott ausrichten. Wie der Gedanke an einen geliebten Menschen uns seine Nähe spüren lässt, so verbindet der Gedanke an Gott den Beter und die Beterin mit Gott.

Diese lebendige Beziehung zwischen Gott und Mensch soll nie abreißen, das betont die Bibel an vielen Stellen. Im Lukasevangelium heißt es: „Jesus sagte ihnen durch ein Gleichnis, dass sie *allezeit beten* und darin nicht nachlassen sollten" (18, 1). Es ist klar, dass Jesus hier nicht auffordert, Arbeit *Arbeit* sein zu lassen und nur noch Gebete zu verrichten. Das kann und soll niemand. „Allezeit beten und darin nicht nachlassen" ist deshalb im Sinne eines beständigen Ausgerichtetseins auf Gott zu verstehen. Gott wird zum lebendigen Gegenüber.

Im Bild gesprochen: Die *Antenne* bleibt ausgefahren, auch wenn nicht gerade ein aktuelles *Programm* – sprich: Gebet – empfangen oder gesendet wird. Es geht einerseits um eine Haltung der *Wachsamkeit*, die die Tagesereignisse nicht losgelöst versteht von der Beziehung zu Gott – und andererseits um die Haltung eines *Liebenden*, dessen Sehnsucht stets beim Geliebten ist – auch wenn Meilen sie trennen.

Das Gebet, als morgendlicher Schlüssel und abendlicher Riegel verstanden und praktiziert, könnte den Weg weisen zu einer dauerhaften Beziehung zwischen Gott und Mensch, wie Jesus sie uns ans Herz legt. Bei wirklicher Zeitknappheit genügt als Kurzprogramm ein *Kreuzzeichen*, das den Tag eröffnet und beschließt: „Im Namen des Vaters und des Sohnes und des Heiligen Geistes."

Einen Namen haben

Wer einen Namen hat, der *ist wer*, sagen wir. Andererseits heißt es: „Name ist Schall und Rauch", also flüchtig, vergänglich, wie Schall und Rauch nicht von Dauer sind. Einen *Namen haben* halten wir für gleichbedeutend mit Achtung, Ansehen oder Einfluss haben. Doch lehrt gerade unsere schnell-lebige Zeit, dass auch einmal berühmt gewesene Namen zu *Schall und Rauch* werden.

Offensichtlich steckt im Menschen ein tiefes Bedürfnis nach einem eigenen Namen, der nicht auswechselbar ist, der nicht heute bekannt und morgen schon wieder vergessen ist, der vielmehr etwas ausdrückt von dem, was ein Menschenleben wichtig macht.

Der Name ist Ausdruck des Wesens einer Person, Ausweis ihrer Identität. Wir sagen, jemand hat *nämlich* dieses oder jenes getan, das heißt, er steht *namentlich* dahinter, bei ihm sind Zustimmung und Ablehnung an der richtigen Adresse. Bei *namentlichen* Abstimmungen in der Politik zum Beispiel wird deutlich, dass der Einzelne ganz persönlich mit seinem Namen Verantwortung übernimmt für eine Entscheidung.

Die Botschaft der Bibel sagt: Jeder Mensch hat vor Gott einen unverwechselbar nur ihm zukommenden Namen. Beim Propheten Jesaja spricht Gott zu Israel: „Fürchte dich nicht, denn ich habe dich ausgelöst, ich habe dich beim Namen gerufen, du gehörst mir" (43, 1).

Hier drückt sich eine Erfahrung mit Gott aus, die sowohl dem gesamten Volk als auch jedem Einzelnen gilt: Du bist vor Gott *nicht Schall und Rauch*; was du denkst, redest und tust, ist Gott wichtig, weil du bei ihm einen Namen hast, mit dem er dich ruft. Aber er lässt dir die Freiheit, darauf zu antworten oder nicht. Gott gängelt dich nicht.

Mancher möchte jetzt vielleicht sagen: Das hört sich ja ganz schön an, aber wer will das glauben? In der Tat, wir tun uns heute schwer, anzunehmen, was sich unter Umständen unserer persönlichen Erfahrung entzieht. Was heißt zum Beispiel: „Ich habe dich ausgelöst ..."?
Die Adressaten des Propheten Jesaja waren mit dem Sachverhalt vertraut, der sich hinter der Aussage verbirgt. Gott hat Israel aus ägyptischer Sklaverei befreit. Er hat für sein Volk immer wieder gehandelt wie einer, der als engster Verwandter die Bürgschaft übernimmt für ein in Not geratenes Familienmitglied.

Wer zum Volk Israel gehört, kennt dieses befreiende Handeln Gottes – und *Christen* bekennen eben diese Heils- tat in der Erlösung durch Jesus Christus. Darf dieser Gott, den Christen und Juden gemeinsam bekennen, nicht mit Recht sagen: „Ich rufe *dich* beim Namen, *du* gehörst mir"?

Zum Volk des Alten und Neuen Bundes gehört *Maria*, eine junge Frau aus Nazaret. Sie, deren Namensfest am 12. September gefeiert wird, hat in ganz einzigartiger Weise erfahren, was das bedeuten kann, von Gott beim Namen gerufen zu werden und ihm zu gehören. Gott hat ihr einen Namen gegeben, und sie hat in Freiheit darauf geantwortet. Magd des Herrn wollte sie sein; nicht *sich* einen großen Namen machen, sondern in allem auf *den* verweisen, der sie groß gemacht hat.

Gott ruft Menschen beim Namen, das gilt auch heute, das gilt auch für uns. Wir sollen unserem Namen alle Ehre machen und sind eingeladen, unseren persönlichen Namen als *unser Programm* zu begreifen. Was immer dieses Programm beinhaltet, sein Hauptstichwort lautet: Liebe!

Fragen Jesu

Was soll ich dir tun?

Eine gefragte Persönlichkeit, wer möchte das nicht sein?! Gefragt sein, das heißt, für andere von Bedeutung sein. Wer viel gefragt ist, hat einen großen Namen. Man rühmt sich, ihn zu kennen. Eine gefragte Persönlichkeit weiß auf viele Fragen eine Antwort; denn wenn die Antworten ausbleiben, bleiben bald auch die Fragen aus, und man ist nicht mehr *gefragt*.

Nicht jede Frage, die mir gestellt wird, ist gleich wichtig für mich. Und nicht jede Frage lässt sich eindeutig beantworten. Im Berufsleben ist Kompetenz gefordert, das akzeptiert jeder. Aber wie steht es mit Fragen, die mich persönlich angehen, meine Beziehungen zum Beispiel oder meinen Glauben betreffen?

Als Jesus einmal, begleitet von einer Menschenmenge, die Stadt Jericho verlässt, sitzt ein Blinder namens Bartimäus am Weg und ruft laut: „Sohn Davids, Jesus, hab Erbarmen mit mir!" (Mk 10, 47). Die Leute fühlen sich gestört durch solches Schreien und befehlen dem Mann, den Mund zu halten – jedoch ohne Erfolg. Er ruft nur noch lauter. Solch eindringliches Bitten bewegt Jesus. Er bleibt stehen; und als er den Blinden zu sich bittet, da werden auf einmal auch die Umstehenden freundlicher: „Hab Mut, steh auf, er ruft dich" (10, 49). Jesu Interesse für den Blinden lässt ihn plötzlich auch für die anderen interessant werden.

Doch was dann kommt, wirkt befremdlich. Jesus fragt den Hilfesuchenden: „Was soll ich dir tun?" (10, 51). Muss er da noch fragen? Da setzt jemand, der offensichtlich von den Wunderheilungen dieses Rabbi aus Nazaret

gehört hat, seine ganze Hoffnung auf ihn – und nun eine solche Frage: „Was soll ich dir tun?" Seltsam!
Der Blinde weiß offensichtlich eine Antwort, die seine tiefste Sehnsucht ausdrückt: „Rabbuni, ich möchte wieder sehen können" (10, 51). Jesus erfüllt seine Bitte: „Geh! Dein Glaube hat dir geholfen" (10, 52).

„Was soll ich dir tun?" – Ich frage mich: Wie hätten die anderen reagiert, die sich damals um Jesus drängten und dabei zunächst den Blinden *ver*drängten? Hätten sie eine Antwort gewusst? – Und wir? Wenn Jesus uns heute fragen würde, wüssten wir, was wir da sagen sollten?

„Was soll ich dir tun?" – Ich darf diese Frage Jesu heute als an mich ganz persönlich gerichtet hören. Was sage ich ihm? – Jesus fordert mich auf: „Denk nach! Was brauchst du wirklich? Was ist deine tiefste Sehnsucht?" Weiß ich das? Jesu Frage zielt nicht auf vordergründig Wichtiges. Entsprechend darf sich meine Antwort auch nicht in Unwesentlichem erschöpfen.

Ich schaue auf Bartimäus. Seine Bitte, so scheint mir, ist in einem doppelten Sinn erfüllt worden: Er wurde sehend, seine Augen erhielten wieder ihre Sehfähigkeit; aber zugleich wurde er sehend für einen neuen Sinn seines Lebens: Und „er folgte Jesus auf seinem Weg" (10, 52).

Bartimäus zeigt mir: Es genügt nicht, *etwas* von Jesus zu erbitten. Eine Bitte, die ich an Jesus richte, hat immer auch zu tun mit meiner Beziehung zu ihm. Von Bartimäus heißt es: „Im gleichen Augenblick konnte er wieder sehen" und „er folgte Jesus auf seinem Weg". *Sehend werden* und Jesus *nachfolgen* gehören für ihn zusammen. Mit Bartimäus möchte ich heute bitten: „Herr, mach mich sehend, damit ich bewusster und sinnvoller den heutigen Tag bestehe."

Was sind das für Dinge …?

Eine alltägliche Situation: Da stehen zwei zusammen und reden angeregt miteinander. Ein unbeteiligter Beobachter schließt aus Gestik und Mimik: Wen mögen die beiden wohl wieder „zwischen den Zähnen" haben?! Vielleicht reden die Gesprächspartner nur über ihren Beruf, über eine interessante Fernsehsendung oder eine Sportveranstaltung; vielleicht hat der Zuschauer auch Recht, und ein Dritter ist „Opfer" in diesem Gespräch.
Unsere Sprache dient der Verständigung untereinander ebenso wie der Zerstörung des Miteinanders; sie ist eine Quelle für *Ver*trauen, aber auch für *Miss*trauen, für *Dar*stellung und *Ver*stellung. Wir sind uns dieser Macht des Wortes oft zu wenig bewusst.

Im Lukasevangelium ist von zwei Jüngern die Rede, die nach der Katastrophe des Karfreitags Jerusalem verlassen haben und unterwegs sind nach Emmaus. Unerkannt gesellt sich Jesus zu ihnen und hört zunächst ihrem Gespräch zu. Die beiden Wanderer sind sehr beschäftigt mit sich selbst und den Ereignissen der vergangenen Tage. Sie reden „miteinander über all das, was sich ereignet hat" (Lk 24, 14), und beachten den stillen Begleiter nicht, bis dieser sich in das Gespräch einschaltet und fragt: „Was sind das für Dinge, über die ihr auf eurem Weg miteinander redet?" (24, 17).
Die beiden Jünger begreifen nicht, wie dieser Fremde so fragen kann, und sie erzählen ihm, was sie so traurig und mutlos macht. All ihre Hoffnungen und Erwartungen, die sie mit diesem Jesus von Nazaret verbanden, haben sie zu Grabe getragen. Ihre Lebenspläne sind zerstört, die Enttäuschung ist groß. Sie ist so groß, dass sie ihn auch da noch für einen Fremden halten, als *er* ihnen erklärt, warum alles so geschehen musste. Jetzt könnten sie doch aufmerksam werden: Er weiß ja um alles. Aber erst als er sich bitten lässt: „Bleib doch bei uns; denn es wird bald

Abend …" (24, 29) und mit ihnen einkehrt, erkennen sie ihn beim Brechen des Brotes.

„Was sind das für Dinge …?" Ich frage mich, was der Herr wohl zu hören bekäme, wenn er – unerkannt – *unseren* Gesprächen lauschte? Was hörte er in den Gesprächen der Familie, im Freundeskreis, am Arbeitsplatz oder in der Schule? Ob er da erkennen könnte, dass es Christen sind, die miteinander reden? Was hörte er bei denen, die gerade im Gottesdienst mit ihm Gemeinschaft hatten und nun „zur Tagesordnung übergehen"?
An den Emmausjüngern sehen wir deutlich, dass im Zusammensein mit Jesus etwas geschehen ist für sie. *Vorher* waren sie traurig und enttäuscht, *jetzt* machen sie sich mit brennendem Herzen sofort auf den Weg zurück nach Jerusalem. Die Botschaft der Frauen, der Gekreuzigte lebe, konnten sie *vorher* nicht glauben, *jetzt* werden sie selbst zu Zeugen des Auferstandenen. Sie sind wieder zu zweit auf dem Weg; aber die Dinge, über die sie nun reden, tragen den Stempel der Begegnung mit Jesus. Obwohl er nicht mehr neben ihnen geht, erfüllt er ihr Herz und bestimmt ihr Gespräch.

Wenn das bei uns vielleicht anders ist, zum Beispiel nach einem Gottesdienst, so drängt sich für mich die Frage auf: Ist da überhaupt Begegnung geschehen? Wenn ja, müssten dann die *Dinge*, über die wir miteinander reden, nicht von dieser Begegnung geprägt sein? Müssten unsere Gespräche nicht manches Mal einen anderen Verlauf nehmen, wenn wir bewusster an den dächten, der mit uns geht? – „Wovon das Herz voll ist, davon spricht der Mund" (Lk 6, 45). Das heißt gewiss nicht, dass jedes zweite Wort aus unserem Mund ein Bibelzitat sein müsste. Es heißt aber wohl, dass unser Reden und Tun von Liebe, von Wohlwollen und Güte geprägt sein müssen, von der Bereitschaft, dem anderen Gutes zu wünschen und zu gewähren.

Was wollt (sucht) ihr?

„Das ist aber fragwürdig", sagen wir, wenn wir eine Situation, eine Aussage oder das Verhalten eines Menschen als nicht ganz korrekt beurteilen. In seinem Tun und Lassen als fragwürdig eingestuft zu werden, ist demnach alles andere als ehrenhaft. Dabei passt eine solch negative Bedeutung nicht zum Begriff *Würde*. In seiner ursprünglichen Bedeutung meint *frag-würdig*, dass eine Sache oder Person *der Frage würdig* ist. Das heißt, es lohnt sich, ist wertvoll, eine Frage zu stellen, wobei die Antwort durchaus offen ist.

Ganz offen war wohl auch die Situation für die beiden Jünger, die bisher Johannes dem Täufer gefolgt waren und nun an Jesus verwiesen werden. Das Johannesevangelium berichtet davon im ersten Kapitel:
Die beiden Jünger schließen sich einfach Jesus an. Jesus hält diese Situation für fragwürdig – im guten Sinn des Wortes –, wendet sich um und fragt die beiden: „Was wollt ihr?" (Joh 1, 38). Verdutzt und verlegen antworten sie: „Rabbi, … wo wohnst du?" (1, 39). Natürlich fragen sie nicht nach Adresse, Straße, Hausnummer … Jesu Antwort lässt offen, was aus dieser ersten Begegnung wird. Immerhin lädt er sie ein: „Kommt und seht!" (1, 40).

„Was wollt ihr?" oder: „Was *sucht* ihr?" – wie es der griechische Text sagt. Die Frage Jesu gibt den Jüngern Gelegenheit, über ihre Beweggründe nachzudenken. Warum eigentlich folgen sie Jesus? Nur weil Johannes auf ihn hingezeigt hat? Was suchen sie selbst bei ihm? Haben sie gute Gründe, diesen Wechsel von Johannes dem Täufer zu Jesus vorzunehmen? Ist dieser Schritt zu verantworten? – „Kommt und seht!", das ist eine Einladung, die eigene Motivation für den Weg mit Jesus durch Erfahrung – durch Leben mit ihm – zu klären, zu festigen.

„Was wollt/sucht ihr?" Ist diese Frage nicht auch für uns von enormer Bedeutung? Wohin es führt, wenn Menschen *nicht* wissen, was sie suchen, das zeigen extreme Gruppen, die aus solcher Orientierungslosigkeit Profit schlagen. Und wo Sehnsüchte auf Dauer fehlgeleitet werden, lauert die Sucht als Ersatz.

Was suche *ich*? Die Antwort auf diese Frage ist nicht nur für Jugendliche wichtig. Das Ziel muss stimmen; denn wenn ich nicht weiß, wohin ich will, lande ich unter Umständen gerade dort, wohin ich eigentlich auf keinen Fall wollte.
Die Frage Jesu ist aber auch wichtig für den Glaubenden. Wen oder was suche ich, wenn ich glaube bzw. nicht glaube? Dass Glaubende für manche heute *fragwürdig* sind – mit negativer Bedeutung –, erleben wir oft. Aber wie ist es umgekehrt? Was sucht derjenige, der *nicht glaubt?* Hat er die *besseren Karten,* weil in der Welt so vieles gegen die Existenz eines guten Gottes spricht? Oder ist es vernünftiger, sich mit dem Beweisbaren zu begnügen nach dem Motto: Was nicht beweisbar ist, akzeptiere ich nicht?

Und was sucht der, der *glaubt*? Eine letzte Erklärung für sonst Unerklärbares? Halt und Stütze in Notsituationen oder Orientierung für ein Leben, wie Jesus es gelebt hat, für ein Leben als Christ? Die Einladung Jesu: „Kommt und seht!" will dabei helfen. Vielleicht will Jesu Frage: „Was wollt/sucht ihr?" uns auffordern, nicht einfach *fertig* zu sein, sondern unsere Motivation neu zu überdenken.

Eine kleine jüdische Geschichte erzählt von einem überzeugten Atheisten, der dennoch am Sabbat in die Synagoge geht. Auf die erstaunte Nachfrage, warum er als Atheist das tue, antwortet er: „Natürlich bin ich Atheist. Aber weiß ich denn, ob ich Recht habe?"

Für wen haltet ihr mich?

„Wofür hältst du mich?" Bei unterschiedlicher Betonung bekommt diese Frage ganz verschiedene Bedeutungen:
Wofür *hältst* du mich? – Wer *bin* ich in deinen Augen?
Wofür hältst *du* mich? – Wer bin ich *für dich* persönlich?
Wofür hältst du *mich*? – Wer bin ich im *Unterschied* zu anderen?
Jede dieser Fragen ist wichtig. Die jeweilige Antwort zeigt, wie wir zueinander stehen.

Es war auf dem Weg bei Cäsarea Philippi, so weiß Markus, als Jesus seinen Jüngern genau diese Frage stellt. Auf die zunächst etwas allgemein gehaltene Frage: „Für wen halten mich die Menschen?" (8, 27) wissen die Jünger zu antworten: „Einige halten dich für Johannes den Täufer, andere für Elija, wieder andere für sonst einen der Propheten" (Mk 8, 28). Aber dann fragt Jesus direkt: „Ihr aber, für wen haltet ihr mich?" (8, 29). Petrus weiß es: „Du bist der Messias!" (8, 29). Vermutlich hat er erst später begriffen, was er spontan so richtig bekennt.

Wenn Jesus heute durch ein Meinungsforschungsinstitut die Frage stellte: „Ihr aber, für wen haltet ihr mich?", kämen sicher interessante Vergleiche zutage: Für die einen ist er vielleicht ein Sozialrevolutionär, für andere ein Phantast oder das Modell eines guten Menschen. Wieder andere erkennen in ihm – wie Petrus – den Messias, den Sohn Gottes. Ich vermute, Jesus würde nachfragen: „Und *du*, für wen hältst *du* mich? Wer bin ich *für dich*?" Spätestens hier erkennen wir: Es geht nicht abstrakt darum, ob Jesus einen Vergleich etwa mit Buddha oder Gandhi aushält, sondern es geht um meine *Beziehung* zu ihm.
Es muss Konsequenzen haben in meinem Leben, wenn Jesus für mich mehr ist als ein hervorragender Mensch, wenn er der Retter und Erlöser ist.

Zwei Suchanzeigen unserer Tage zeigen, wie unterschiedlich man diesen Jesus sehen kann. Die eine stammt aus dem amerikanischen Untergrund, die andere aus den Kirchen unserer Zeit.

Die erste sucht nach Jesus Christus als dem berüchtigten Führer einer Untergrundbefreiungsbewegung, dem man Beziehungen zu bekannten Kriminellen, Radikalen, Prostituierten und Leuten von der Straße vorwirft, dessen Anspruch man bestreitet und vor dem besonders all jene gewarnt werden, denen man noch nicht beigebracht hat, ihn zu ignorieren.

Die andere Suchanzeige forscht nach Jesus Christus, dem Sohn Gottes und Erlöser der Welt, der als Bruder der Menschen auf der Seite der Armen steht; dem sich jeder anvertrauen darf und der als Gefährte im Glauben hilft, von den Wogen der Zeit nicht verschlungen zu werden.

„Ihr aber, für wen haltet ihr mich?" Ausweichen vor dieser Frage bringt nicht weiter. Die Frage *ist* gestellt. Verschlüsselt oder auch direkt taucht sie in vielen literarischen Texten heute auf und erwartet eine Antwort, *meine* Antwort. *Du*, für wen hältst *du* mich?

Gibt es für mich bereits ein solch persönliches „Cäsarea Philippi", Ort und Stunde, da ich diese Frage beantwortet habe? Jesus, du bist für mich …? – Eine Beziehung ist nichts Starres, sondern Leben, und das heißt: „Mein Cäsarea Philippi" ist offen für weitere, tiefere Erfahrungen.

Aber vielleicht ist es auch erlaubt, die Frage einmal umzukehren und Jesus zu fragen: „Jesus, für wen hältst *du* mich?" – Ein Blick ins Neue Testament zeigt uns die eindeutige Antwort. Paulus sagt es so: „Er hat mich geliebt und sich für mich hingegeben" (vgl. Gal 2, 20).

Warum lasst ihr ... Zweifel aufkommen?

Zu jemandem, dessen Argumente mich überzeugten, sagte ich: „Wenn Sie das so sagen, glaube ich Ihnen." Der andere erwiderte überrascht: „Das finde ich gut, dass Sie das sagen; denn das ist keineswegs selbstverständlich."
Warum ist mir dieses Gespräch nach Jahren noch so in Erinnerung? Es zeigt mir, dass es keineswegs selbstverständlich ist, Vertrauen zu erfahren und zu schenken. Dabei gehört doch Vertrauen zu den Grunderfahrungen unseres Lebens. Da, wo das sogenannte Urvertrauen in der Kindheit nicht erlebt wird, tun Menschen sich sehr schwer, später Vertrauen, Zuneigung und Liebe anzunehmen und selbst zu schenken.

Eine Begleiterscheinung unserer naturwissenschaftlich geprägten Zeit ist es, nichts ungefragt zu übernehmen, möglichst alles in Zweifel zu ziehen. Wenn das auch in unseren Beziehungen zur Grundhaltung wird, ist es schwer, Vertrauen und Freundschaft zu finden. Es geht hier nicht darum, einer unkritischen Vertrauensseligkeit das Wort zu reden. „Trau, schau, wem", das gilt auch heute noch. Dazu passt das Wort Kritik recht gut, aber in seiner eigentlichen Bedeutung als *erkennen* und *unterscheiden*, nicht als *herabsetzen* und *schlecht machen*.

Das Neue Testament berichtet von einer Begegnung zwischen dem auferstandenen Jesus und den Aposteln. Obwohl sie gerade von Jesus sprechen, den einige von den Jüngern gesehen haben, erschrecken sie, als er plötzlich selbst mitten unter ihnen steht. Jesu Frage trifft sie zutiefst: „Was seid ihr bestürzt? Warum lasst ihr in eurem Herzen solche Zweifel aufkommen?" (Lk 24, 38). Um ihre Zweifel zu zerstreuen, gibt er ihnen Verstehenshilfen: Seht doch meine Hände, meine Füße; fasst mich an, dann begreift ihr, dass ich es bin, der vor euch steht, und kein Geist. Und als sie staunen und „vor Freude immer noch nicht glauben" können (24, 41), isst er vor ihren Augen ein Stück gebratenen Fisch.

Vielleicht hätten wir genauso reagiert wie die Jünger, wenn einer, von dem wir wissen, dass er gestorben ist, plötzlich lebendig vor uns steht. Schließlich hat das doch noch keiner vorher erlebt.
Mangelndem Vertrauen zu begegnen bei seinen Jüngern, dazu hatte Jesus auch vor Ostern Gelegenheit genug. „Warum habt ihr solche Angst? Habt ihr noch keinen Glauben?" (Mk 4, 40), mahnt er sie zum Beispiel, als sie bei Sturm mit ihm im Boot sind und ihn entsetzt um Hilfe anflehen. – Vertrauen ist ein anderer Name für Glauben.

Lange hielt man das Wunder für des Glaubens liebstes Kind. Ist heute der Zweifel des Glaubens liebstes Kind? – Der Zweifel der Jünger wurde abgelöst von der Gewissheit: Er ist es! Er, der tot war, lebt! Sicher, Jesus hat ihnen deutliche Zeichen gegeben; aber vergessen wir nicht, er war wirklich tot. Auch die Jünger mussten *glauben*, dass der Gekreuzigte nun lebt.
Und da liegt unser Problem heute. Wir würden gern zurückfragen: „Herr, was sollen wir denn machen, wenn die Zweifel kommen? Verdrängen ist doch keine Lösung!" – Vielleicht könnte er erwidern: „Habt ihr nicht Grund genug, *mir* zu vertrauen? Warum gebt ihr dem Zweifel solchen Raum, lasst ihn an eurem Glauben nagen? Gebt mir eure Zweifel, lernt zu vertrauen!"
Eine Geschichte erzählt: Ein Mensch, der Schwierigkeiten hat, an Gott zu glauben, ruft zu Gott, weil er fürchtet, ihn durch seine Zweifel zu verlieren. Gott lässt sich auf die Klagen und Fragen des Zweiflers ein; aber jede Antwort löst neue Fragen aus. Immer geht es dabei um die eine Frage: Gott, wer bist du wirklich? Schließlich antwortet Gott: „Ich bin der eine, der nicht zweifelt, sondern an dich glaubt. Da schwieg der Zweifler; denn mehr war nicht zu sagen" (F. Schwanecke).

Liebst du mich?

Etikettenschwindel nennen wir es, wenn der Inhalt einer Packung mit der Aufschrift nicht übereinstimmt. Dabei kann es sich um geringfügige Abweichungen handeln, aber auch um deutliche Unterschiede.

Gibt es solchen Etikettenschwindel nicht auch im übertragenen Sinn? Da macht einer große Versprechungen – und tut nichts. Da weiß einer Lobeshymnen zu singen – und denkt in Wirklichkeit ganz anders. Alltägliche Erfahrungen – leider: eine Fassade schöner Worte, die durch das Verhalten Lügen gestraft wird. – Was verbirgt sich nicht alles hinter dem Etikett *Liebe*? Höchstes Glück, wo das Etikett dem Inhalt entspricht, und tiefstes Leid, wo die Aufmachung etwas vortäuscht bzw. mangelhaften Inhalt verdecken soll.

„... liebst du mich ...?", fragt nach dem Johannesevangelium (21, 15) der auferstandene Jesus den Petrus, der sich nach Jesu Tod wieder seiner Berufsarbeit, dem Fischfang zugewandt hat, zusammen mit einigen Gefährten. Vergeblich haben sie in der Nacht gefischt. Erst als sie am Morgen im Auftrag Jesu die Netze „auf der rechten Seite" (21, 6) auswerfen, sind ihre Netze voll. Schweigen und Staunen erfüllt sie. Sie begreifen: „Es ist der Herr!" (21, 7). Als sie gegessen haben, fragt Jesus den Petrus: „Simon, Sohn des Johannes, liebst du mich?"

Wie soll Petrus antworten? Muss er sich nicht sagen: „Warum *fragt* der Herr? Ist das nicht selbstverständlich klar zwischen uns?" Er spielt den Ball gleichsam zurück: „Ja, Herr, du weißt, dass ich dich liebe" (21, 15). Sehr geschickt, Petrus, aber das genügt nicht. Jesus wiederholt seine Frage. Dreimal fragt er: „Liebst du mich?" Petrus wird immer kleinlauter; denn dreimal hat er Jesus verleugnet. Behutsamer wird deshalb seine dritte Antwort:

„Herr, du weißt *alles*; du weißt auch, dass ich dich liebhabe" (21, 17). Dreimal lautet der Auftrag an Petrus: „Weide meine Lämmer/weide meine Schafe!" (21, 15-17).

Jesu Frage an Petrus ist zweifellos eine sehr persönliche Frage. Vielleicht will die dreimalige Wiederholung die dreifache Verleugnung des Petrus aufheben. Vielleicht will sie aber auch dem Petrus helfen, sich über seine wirkliche Beziehung zu Jesus klar zu werden. Kleine Wortänderungen im griechischen Text weisen darauf hin. So könnte Jesu Frage zunächst lauten: „Petrus, bin ich für dich jemand, den du schätzt, der für dich wichtig ist, zu dem du gehören willst?" Und dann: „Petrus, bin ich für dich jemand, zu dem es dich mit allen Fasern des Herzens hinzieht, ohne den du nicht mehr leben möchtest?" Die erste Frage spricht mehr den Willen an, die andere die Empfindung, das Herz. Beides gehört zusammen in der Liebe: Wille und Herz.
Heute stehen wir vor dieser Frage Jesu: „... liebst *du* mich?" Was sagen wir ihm? Eine unverbindliche Antwort reicht nicht. Eine leichtfertige Zusage wird dem nicht gerecht, der hier fragt. Denn *unsere* Frage an ihn: „Herr, liebst *du* mich?", hat Jesus in seinem Leben und durch die Hingabe seines Lebens eindeutig beantwortet.
Vielleicht zögern wir, ihm zu sagen: „Ja, Herr, ich liebe dich", weil wir ehrlich sein und keinen Etikettenschwindel betreiben wollen; weil wir wissen, das unsere Antwort Konsequenzen haben muss: Gott lieben heißt auch, seine Mitmenschen lieben. Weil wir keinen ungedeckten Scheck ausstellen wollen, den unser Verhalten nur zu schnell zum Platzen bringen könnte, zögern wir. Doch solches Zögern kann auch Flucht sein vor einer Antwort. Jesus erwartet ja keine Perfektion von uns. Schwachheit, das zeigt Petrus, ist kein Hinderungsgrund für ihn. Darin liegt unsere Chance. Unsere ehrliche *Antwort* ist deshalb vielleicht eher eine *Bitte*: „Herr, lass mich heute anfangen, dich lieben zu lernen!"

Mit allen Sinnen glauben

Sehen

„Du brauchst wohl eine neue Brille!", geben wir unserem Gegenüber zu bedenken und meinen damit in der Regel nicht, dass er oder sie einen Optiker benötigt. Es geht vielmehr um das rechte Augen-Maß, die Dinge, Situationen oder Menschen angemessen sehen und verstehen zu können.

Manchmal glauben wir, dass wir auf den ersten Blick erkannt haben, wie ein Sachverhalt zu beurteilen ist. Manchmal allerdings korrigiert der „zweite Blick" unseren ersten Eindruck. Ja, es kann sogar sein, dass uns erst nach mehrmaligem Hinsehen die Augen aufgehen.

Mit unseren Augen – mit unseren fünf Sinnen – nehmen wir Kontakt auf zu unseren Mitmenschen. Und wer kennt das nicht aus Erfahrung, dass Blicke töten oder auch Mut und Hoffnung vermitteln können?! Wir haben jemanden im Blick, um ihn zu fixieren, unsicher zu machen – oder aber um auf ihn zu achten, besorgt um sein Wohlergehen. Und wenn Kontakte abgerissen sind, dann bedauern wir vielleicht, jemanden aus dem Blick verloren zu haben.

Auch die Bibel spricht ganz selbstverständlich von einer doppelten Seh-Fähigkeit. Als Israel zum Beispiel einen neuen König bekommen soll, gibt Gott dem Propheten Samuel die Anweisung: „Sieh nicht auf sein Aussehen und seine stattliche Gestalt …; Gott sieht nicht auf das, worauf der Mensch sieht. Der Mensch sieht, was vor Augen ist, der Herr aber sieht das Herz" (1 Sam 16, 7).
Samuel versteht diesen Wink. Er begreift, wie kurzsichtig seine Entscheidung wird, wenn nur äußere Qua-

litäten entscheiden, wer in Israel regieren soll. Er begreift, dass er schon bereit war, sich vom äußeren Erscheinungsbild blenden zu lassen. Er öffnet die Augen seines Herzens und erkennt David als den von Gott Auserwählten.

„Der Mensch sieht, was vor Augen ist, der Herr aber sieht das Herz." Brauchen wir nicht heute, genauso wie einst Samuel, diesen Anstoß: „Schule deine innere Sehfähigkeit! Meine nicht, wenn du *einen* Blick auf etwas geworfen hast, du wüsstest schon genug! Nimm dir einen Augen-Blick Zeit, zu dem, was deine Augen sehen, auch die Resonanz in deinem Herzen wahrzunehmen. Handle aus Ein-Sicht, lerne zu unterscheiden!"

Wenn es um uns selbst geht, erwarten wir Rücksichtnahme, wehren uns dagegen, oberflächlich beurteilt zu werden: Der oder die kennt uns doch gar nicht! Wirklich jemanden kennen hat also mit *lange hinschauen* zu tun. Das wissen Liebende wohl am besten. Und deshalb genügt ihnen oft der Blick des oder der anderen zu stillem Einverständnis. Nicht die rosa-rote Brille der Verliebtheit ist hier gemeint. Es geht vielmehr um die neue *Brille*, die dem anderen mit Wohlwollen begegnet, trotz seiner Fehler.

Wie wir einander anschauen, so geben oder nehmen wir einander Lebensmöglichkeiten.

Könnte es sein, dass heute ein Mensch in meiner Umgebung auf meinen bestätigenden Blick wartet?
Könnte es sein, dass ich einmal wieder jemanden anschauen sollte, den ich in letzter Zeit geflissentlich übersehen habe?
Könnte es sein, dass mein wohlwollender Blick heute einem Mutlosen oder Verzweifelten neue Hoffnung schenken könnte?

Hören

Vielleicht kennen wir einen Menschen, der „ganz Ohr" ist, wenn wir ihm etwas erzählen. Vielleicht gehören wir auch selbst zu denen, die gut zuhören können. Wie oft erfahren wir es im Alltag, dass Gesprächspartner nur halb hinhören auf das, was gesagt wird. Entsprechend sind sie nur halb informiert und können auch nur Halb-Wahrheiten weitergeben. Gilt in diesem Sinne nicht auch für Erwachsene: „Wer nicht hören will, muss fühlen"?

Dagegen kann jemand, der wirklich einem anderen sein *Ohr leiht*, viel mehr wahrnehmen als das, was gesagt wird. Er oder sie kann dann auch Zwischen- oder Untertöne heraushören, die ausdrücken, was die gesprochenen Worte für den anderen bedeuten, welche Gefühle dahinter stehen. Leider kennen wir auch die negative Erfahrung, dass aus dem Zuhören ein Aushorchen wird, dass unsere Mitteilung weitergegeben und so unser Vertrauen missbraucht wird.

Täglich dringt eine Fülle von Geräuschen unterschiedlichster Art an unser Ohr. Das fordert, dass wir auswählen bei dem, was wir hören. Wir haben das Recht – soweit das möglich ist –, selbst zu entscheiden, was allenfalls unsere Ohrmuschel, nicht aber unser Inneres erreichen soll. Wir *schotten uns ab* oder *stellen uns taub*. Solche gewollte Schwerhörigkeit hat allerdings da ihre Grenze, wo wir uns dadurch vor notwendigen Informationen schützen wollen, weil wir die Konsequenzen fürchten. Ins-tinktiv spüren wir: Wenn wir genau hinhören, könnte es sein, dass wir anschließend nicht so weiterleben können wie bisher. Zu wissen, dass es zum Beispiel einem Freund schlecht geht, lässt uns nicht kalt, wenn die Nachricht nicht nur unser Ohr, sondern unser Herz erreicht hat.

Was wir hörend in uns einlassen, bewirkt etwas in uns. Es fordert nicht nur zu konsequentem Handeln heraus, es gibt uns auch die nötige Sicherheit, für eine Überzeugung einzutreten.

Ein deutliches Beispiel dafür finden wir im Neuen Testament. Die Apostel Petrus und Johannes stehen als Angeklagte vor dem Hohen Rat. Sie sollen Rechenschaft ablegen, in wessen Namen und Auftrag sie einen Menschen geheilt haben. Voller Freimut weisen sie darauf hin, in wessen Namen und Kraft Heilung geschieht. Als man ihnen verbietet, weiter im Namen Jesu zu predigen, sagen sie: „Ob es recht ist, mehr auf euch zu hören als auf Gott, das entscheidet selbst. Wir können unmöglich schweigen über das, was wir gesehen und gehört haben" (Apg 4, 19).

So sicher sein können wie diese beiden, das möchten wir auch! Wenn ich auf die Apostel schaue, dann wird mir klar, woher sie diese Sicherheit nehmen. Sie haben Jesus lange zugehört und das Gehörte in ihrem Herzen überdacht. Ohne *Hören* gibt es keinen *Glauben*. Das unterstreicht der Apostel Paulus, wenn er seinen Gemeinden sagt: „Der Glaube kommt vom Hören" (Röm 10, 17). Ohne Hören – auch das zeigt diese Begegnung – gibt es keine *Antwort*. Was die Jünger von Jesus gehört und bei ihm erlebt haben, das hat sie hell-hörig gemacht gegenüber allen Ansprüchen, ganz gleich, aus welcher Richtung sie kommen. Deshalb beugen sie sich nicht einfach dem Befehl der Obrigkeit.
Hören – antworten – verantworten: Die Reihenfolge lässt sich nicht umkehren.
Worauf sollen *wir* hören? Was ist wirklich wichtig für uns? Alles aufnehmen – zum einen Ohr herein, zum anderen wieder hinaus? Das kann es wohl nicht sein. *Unterscheidung* ist angesagt, eine neue Hörfähigkeit. Ob wir da nicht von den Jüngern lernen könnten?

Riechen

„Ich kann diesen Menschen nicht riechen", sagt jemand empört. Deshalb macht er einen großen Bogen, um dieser Person nicht begegnen zu müssen. „Das riecht nach Feindschaft", meint ein anderer kommentierend. Und alle wissen, es geht hier nicht um Duftstoffe, die über die Nase unangenehme Empfindungen auslösen. Es geht vielmehr um Beziehungen, deren Qualität wir wahrnehmen über unseren inneren *Geruchssinn*. Und da hat manche und mancher einen *feinen Riecher*.

Es kann peinlich sein, wenn ruchbar wird, wie er oder sie sich in einer bestimmten Situation verhalten hat. *Das* gerade sollte nicht an die Öffentlichkeit kommen. Aber vielleicht hatten wir es auch schon *in der Nase*, dass die Sache nicht verborgen bleiben würde.

Die Bibel spricht ganz unbefangen davon, dass auch Gott einen *feinen Riecher* hat, wenn es um unsere Beziehung zu ihm geht. So ruft der Beter im 141. Psalm zu Gott: „Wie Weihrauchduft steige mein Gebet vor dir auf ..." (V. 2). – Beim Propheten Amos spricht Gott ein deutliches Wort gegen eine Frömmigkeit, die nur äußerlich vollzogen wird: „Ich hasse eure Feste, ich verabscheue sie und kann eure Feiern nicht riechen" (5, 21). Der Prophet kämpft hier gegen einen veräußerlichten Kult, gegen religiöse Heuchelei.
Es kann Gott nicht gefallen, wenn wir ihm Opfer darbringen, um uns damit freizukaufen von Gerechtigkeit und Liebe gegenüber unseren Mitmenschen. Gott lässt sich von uns nicht täuschen! Er erkennt unsere wahre Absicht. Dabei weiß der Prophet: Gott liebt die Menschen, er kann sie *gut riechen*. Aber gerade deshalb erwartet er Ehrlichkeit in der Beziehung. Es geht ihm doch nicht um äußere Gaben, sondern um eine Hinwendung zu ihm, die von Herzen kommt.

Heute findet der Prophet Amos sowohl Zustimmung als auch Ablehnung mit seiner Aussage. „So menschlich sollte man von Gott nicht reden", sagen die einen. „Das haben wir schon lange gewusst, dass Opfer und Gottesdienst überholt sind", sagen die anderen, „endlich spricht es jemand aus."

„Erfahrungen zwischen Mensch und Gott", so höre ich Amos antworten, „kann ich nur in menschlichen Bildern und Vergleichen wiedergeben. Aber es geht mir nicht um die Abschaffung des Gottesdienstes. Da hätte man mich falsch verstanden. Meine Zuhörer damals wussten sehr genau, dass ihre Opfer und Gebete nicht ein äußeres Zeichen für eine innere Wirklichkeit waren. Sie wussten aus ihren eigenen Beziehungen: Was ich verschenke, hat nur Wert, wenn es von Herzen kommt. Und deshalb verstanden sie auch, dass der Duft ihrer Opfergaben Gott nicht gefallen konnte, solange sie die Not ihrer Mitmenschen missachteten."

Kann Gott auch unsere Feste und Feiern heute „nicht riechen"? Oder steigen unsere Gottesdienste und Gebete „wie Weihrauchduft" zu ihm empor?

Wo wir Gottes- und Menschendienst gegeneinander ausspielen, kann beides nicht recht gelingen. Wo wir aber der Liebe Gottes glauben – und das ist die Voraussetzung für den Propheten Amos –, da finden wir auch unsere Mitmenschen. Und wo wir unseren Mitmenschen in Liebe begegnen, da finden wir auch Gott.

Ein Unbekannter, der viele Jahre in einem sibirischen KZ war, formulierte seine Erfahrung so:
„Ich suchte meinen Gott, und er entzog sich mir.
Ich suchte meine Seele, und ich fand sie nicht.
Ich suchte meinen Bruder, und ich fand sie alle drei."

Schmecken

„Über Geschmack lässt sich streiten", sagen wir und meinen damit nicht nur den unterschiedlichen Appetit. Verschiedene Geschmacksrichtungen kennen wir auch in den Bereichen, die der Mode unterliegen. Das ist halt Geschmackssache, und deshalb sind Differenzen nicht so ernst zu nehmen.
Anders ist es, wenn jemand keinen „guten Geschmack" beweist oder gar „geschmacklos" handelt, wo er oder sie sich taktvoll zurückhalten sollten. Und wenn etwas „nach Ausreden schmeckt" oder einen „faden Nachgeschmack" hinterlässt, ist es eben keine Geschmacks- oder Ansichtssache mehr.

Der gute Geschmack – auch in seiner übertragenen Bedeutung – muss offensichtlich eingeübt werden. Wir können jemanden „auf den Geschmack bringen", wenn es zum Beispiel ums Musizieren, ums Wandern oder Lesen geht. Wir können aber auch genau das Gegenteil erreichen, wenn die Anfangserfahrungen nicht *schmackhaft* oder *zu würzig* sind.

In einem Bildwort spricht das Lukasevangelium vom Salz, das nur dann taugt, wenn es Speisen würzig macht: „Wenn aber das Salz seinen Geschmack verliert, womit kann man ihm die Würze wiedergeben?" (14, 34). Das Wort richtet sich an alle, die Jesus nachfolgen wollen. Es spricht eine klare Sprache: „Ihr Jüngerinnen und Jünger Jesu seid wie Salz. Ihr taugt als Boten des Gottesreiches nur so lange, wie diese Botschaft in euch selbst lebt und euer Denken, Reden und Tun bestimmt. Wer selbst nicht mehr überzeugt ist, wie soll der andere überzeugen können? Wer sich selbst nicht mehr freut, weil er dazugehört, wie kann der andere begeistern? Boten Gottes ohne Begeisterung sind eben untauglich wie das Salz, das verdorben ist."

Vielleicht *schmeckt* uns ein solcher Vergleich der Jüngerinnen und Jünger Jesu mit fade gewordenem Salz nicht. Vielleicht haben wir Erfahrungen gemacht mit solchen, die uns *zu sehr gewürzt* waren, und wir denken, ganz so radikal muss es ja auch nicht sein.

Vielleicht bewegt uns aber auch die Frage: „Was können wir tun, um im Glauben überzeugt und überzeugend zu sein? Christen leben schließlich heute in einer Umwelt, die sie gerade nicht darin bestärkt, *Salz* zu sein." – Das kann niemand bestreiten. – Dennoch ist ein Christsein mit vermindertem Anspruch – nach dem Motto: ein wenig Würze für bestimmte Anlässe, aber sonst möglichst unauffällig bleiben – in diesem Bildwort nicht vorgesehen. Das würde auch letztlich weder uns selbst noch anderen *schmecken*.

Manchmal ist es gut, auf Menschen zu hören, die sich auskennen. Einer, der etwas erfahren hat, ein Beter aus dem Alten Testament, fordert uns auf: „Kostet und seht, wie gütig der Herr ist" (Ps 34, 9). Darum geht es: auf den Geschmack an Gott kommen, an seiner Güte und Vergebungsbereitschaft, an seiner unbegrenzten Liebe zu uns. Das kann durch das Erlebnis praktizierter Nächstenliebe geschehen. Das kann in einer gemeinsamen Feier des Gottesdienstes sein. Das kann in einem einfachen Gebet oder im stillen Verweilen beim Herrn für uns erfahrbar werden.

Ein anderer Weg wäre: Geschmack finden am Wort Gottes, um so mit ihm vertraut zu werden. Dazu genügt natürlich kein Schnupperkurs, sondern es geht um ein regelmäßiges Tun.

Ich würde jedem von uns diesen Weg gerne *schmackhaft* machen. Aber ich weiß auch: Probieren geht über Studieren!

Fühlen

Wie gut tut es, einem einfühlsamen Menschen zu begegnen! Da braucht es nicht viele Worte, keine ausführlichen Erklärungen. Er versteht, was wir meinen, weil er spürt, was uns bewegt. Deshalb kann er oft durch eine schlichte Geste, ein ermutigendes Nicken mit dem Kopf, einen Händedruck oder durch eine Umarmung mehr ausdrück-en als andere durch gut gemeintes Reden. Eine solche Begegnung hinterlässt in uns das gute Gefühl, nicht allein zu sein mit dem, was uns bewegt; das kann Freude, das kann Trauer sein.

Leider machen wir aber oft auch gegenteilige Erfahrungen. Da trampelt jemand auf den Gefühlen seiner Mitmenschen herum, als kenne er überhaupt keine Rücksichtnahme. Von Fingerspitzengefühl scheint er nichts zu wissen. Und da kann viel „Porzellan" zerschlagen werden. Mancher möchte da Goethes „Faust" zitieren: „Wenn ihr's nicht fühlt, ihr werdet's nicht erjagen." Doch Vorsicht mit der Devise: „Man hat's oder man hat's nicht"! Ich kann mein Einfühlungsvermögen auch entwickeln. Nicht alles, was heute ein „echtes feeling" verspricht, macht mich wirklich feinfühlig für die wichtigen Dinge im Leben.

Es gibt Menschen, die können sehr gefühlsbetont reagieren, und andere, bei denen wird alles über den Kopf geregelt. Beide neigen leicht dazu, die jeweils andere Seite mehr oder weniger zu vernachlässigen. Es gibt Zeiten, da ist es chic, ein „cooler Typ" zu sein, und andere, da ist es „in", Gefühle zu zeigen.

Wen wundert es, dass manche auch Jesus gern als besonders „cool" sehen, andere lieben es, ihn als sehr gefühlvoll darzustellen. Die Bibel kennt ihn von beiden Seiten, als klaren Denker zum Beispiel in den Streitgesprächen mit seinen Gegnern, aber auch als sehr einfühlsam, wo er der Not seiner Mitmenschen begegnet. Erstaunlich genug für uns, nimmt er sogar noch mitten im Gedränge die Berührung durch eine Heilung suchende Frau wahr. Markus schreibt von ihr: „Sie sagte sich: Wenn ich auch nur sein Gewand berühre, werde ich geheilt." Die Heilung erfolgt unmittelbar. „Im selben Augenblick", so heißt es, „fühlte Jesus, dass eine Kraft von ihm ausströmte, und er wandte sich in dem Gedränge um und fragte: Wer hat mein Gewand berührt?" (Mk 5, 28.30).

Die Frau fürchtet, etwas Unrechtes getan zu haben, und kommt zitternd herbei. Aber Jesus nimmt ihr diese Angst: „Dein Glaube hat dir geholfen. Geh in Frieden! Du sollst von deinem Leiden geheilt sein" (5, 34).

Vielleicht halten manche das für einen *magischen* Glauben, in dem der Tuchfühlung mit dem Wunderheiler eine große Bedeutung zukommt. Vielleicht wünschen andere sich auch, Jesus einmal so unmittelbar erleben zu dürfen.

Dass es nicht um Magie geht, zeigt der Evangelist Markus durch das anschließende Gespräch zwischen Jesus und der Frau. Es geht um den *Glauben* dieser Frau. Ohne Glauben keine Heilung. Ohne Glauben keine wirkliche Begegnung mit Jesus. Und das gibt es auch heute noch. Wer glaubt, kann Jesus begegnen – im Gebet – in den Mitmenschen – in den Situationen dieses Tages. Er weiß, wen er um Heilung und Heil bittet. Er vertraut, dass ihm – wie auch immer – geholfen wird.

Jesus kennt keine Berührungsängste, das zeigt diese Heilung; aber er drängt sich auch niemandem auf. Wir dürfen aber zu ihm kommen in jeder Situation. Wir dürfen ihn *berühren* mit Worten oder Gesten. Er versteht uns. Ist das nicht Ermutigung für uns?

Mit allen Sinnen

Nicht nur Kinder sind ganz Aug und Ohr, wenn sie von einer Sache fasziniert sind. Das geht auch Erwachsenen so, zum Beispiel bei einer Sportveranstaltung. Da kribbelt es vielen in Händen und Füßen, wenn es um Sieg oder Niederlage der eigenen Mannschaft geht. Fans springen auf, laufen hin und her, ermutigen die Spieler durch Zurufe und merken gar nicht, wie ihnen vor lauter Aufregung der Mund ganz trocken wird. Am Ende sind manche wie von Sinnen vor Begeisterung oder vor Enttäuschung. Der Sport – ob aktiv oder passiv betrieben – erweist sich für viele als sinnvoll; denn es geschieht nur selten, dass sie so mit allen Sinnen beteiligt sind.

Dass wir unserer fünf Sinne mächtig sind, ist uns oft gar nicht bewusst. Wir sehen, hören, riechen, schmecken und fühlen – ganz selbstverständlich. Erst wenn es plötzlich mal nicht oder nicht mehr geht, spüren wir, welche Fähigkeit uns da gegeben ist.

Wir staunen, wenn jemand über den sogenannten Sechsten Sinn verfügt – was immer wir damit meinen – und vergessen, wie großartig wir alle ausgestattet sind, um die Wunder der Schöpfung wahrzunehmen und darin uns selbst. Besinnung hieße demnach im eigentlichen Wortsinn: seine Sinneskräfte neu entdecken und dankbar nutzen. Und das gilt für alle Bereiche des Lebens.

Von König David weiß die Bibel zu berichten, dass er seine Freude über Gott in Gesang und Tanz ausdrückte. Unvorstellbar war es für ihn, seine Zugehörigkeit zu Gott als rein geistige zu verstehen. Entsprechend sieht er *Gott* am Werk, wo er selbst Erfolge verbuchen kann. Er hört auf Gott und lässt sich zurechtweisen von ihm, weil seine Pläne nicht immer Gottes Pläne sind. Wundert es da, wenn er den führenden Leuten in Israel ans Herz legt:

„Richtet euer Herz und euren Sinn darauf, den Herrn, euren Gott, zu suchen" (1 Chr 22, 19)? Herz und Sinn meinen den Menschen mit all seinen Kräften und Fähigkeiten, und „Gott suchen" heißt „glauben".

Mit allen Sinnen glauben! Das will möglicherweise so gar nicht passen zu dem, was wir unter Glauben verstehen oder wie wir glaubende Menschen erleben. Ist nicht der Glaube eher ein fest verschnürtes Paket von Glaubenssätzen und entsprechenden Verhaltensregeln, die ich akzeptieren muss? Erscheinen nicht gerade Glaubende oft eher als sinnen-*feindlich* statt sinnen-*freundlich*? Vielleicht haben wir unsere Sinne zu sehr geknebelt, aus Angst, sie könnten uns zum Bösen verleiten. Angst aber ist ein schlechter Ratgeber und den Gefühlen ausweichen zu wollen hilft nicht dazu, sie mit Freude zu erleben.

Ein Glaube, der die Sinne ausklammert, läuft Gefahr, buchstäblich sinn-los zu werden. Ein solcher Glaube ist in Gefahr, blut-leer, und das heißt: leb-los zu werden. Wenn die Beziehung zu Gott uns nicht mehr „unter die Haut" geht, dann ist es leicht, sie ganz abzuschütteln. Dann suchen wir Ersatz dort, wo wir uns *ganz* einbringen dürfen, mit Herz und Verstand, mit unserem Willen ebenso wie mit unseren Gefühlen.

Jemand hat einmal gesagt: „Man muss Gott lieben, bis es wehtut." Vielleicht befremdet diese Formulierung. Aber ein so verstandener Glaube trennt nicht Kopf und Herz, er lässt mich vielmehr ganz Mensch sein mit all meinen Kräften.

Darum bleibt Davids Rat heute und für alle Zukunft gültig: „Richtet euer Herz und euren Sinn darauf, den Herrn, euren Gott, zu suchen" – mit allen Sinnen!

Ostererfahrungen

Er geht euch voraus

Manchmal geht mir das so: Ein neuer Tag beginnt, und ich denke: Wäre er nur erst vorbei! Meine Gedanken kreisen um unangenehme Aufgaben, die mich erwarten. Ich denke an eine Begegnung, die mir bevorsteht oder an ein Gespräch, dessen Ausgang offen, für mich aber wichtig ist.
Solche Erfahrungen kennt jeder, auch wenn die Gründe dafür jeweils anders sein mögen. Vielleicht hat jemand einen Gang zum Arzt vor sich oder eine Begegnung mit dem Chef, bei der es Unannehmlichkeiten geben kann. Vielleicht denkt ein anderer auch an den Ehepartner, an einen Freund, eine Freundin, mit dem/der heute endlich ein klärendes Gespräch über die Beziehung ansteht.

Wenn es doch jemanden gäbe, der mir diesen Weg abnehmen könnte! Wenn doch wenigstens jemand vorab einiges für mich klären könnte ..., dann könnte ich befreiter in den Tag gehen, so denken wir.

Voller Ungewissheit und Fragwürdigkeit lag der Tag und lag die Zukunft auch vor den Jüngern Jesu nach der Katastrophe des Karfreitags. Sie hatten alles auf die eine Karte Jesus von Nazaret gesetzt. Nun sehen sie sich schmählich enttäuscht: Aus der Traum von einem Leben, das so sinnvoll schien, weil er dabei war, weil er voranging, weil mit ihm jeder Weg gangbar zu sein schien. Aus der Traum von der erhofften Befreiung des Volkes Israel, weil in Jesus der erwartete Messias seine Herrschaft antreten sollte. Aus der Traum – bis sie sich plötzlich neu auf den Weg gewiesen sehen durch Frauen, die ihnen verkünden: Er lebt. „Er geht euch voraus nach Galiläa; dort werdet ihr ihn sehen ..." (Mk 16, 7).

Unglaublich erscheint den Jüngern diese Botschaft, zumal von Frauen übermittelt, die als glaubwürdige Zeugen nicht in Frage kamen. Doch sie spüren, dass sie die Wahrheit dieses Wortes nur erfahren können, wenn sie aufbrechen, wenn sie dieser unglaublichen Nachricht dennoch Glauben schenken.

Heute steht diese Botschaft vor mir als ein Angebot: Er geht *mir* voraus nach „Galiläa"; dort werde *ich* ihn sehen. Natürlich habe ich keinen buchstäblichen Gang nach Galiläa vor mir. Aber ich denke an das, was dieser Tag für mich bereithält, wovon ich einiges ahne, manches vielleicht auch befürchte, vieles aber gar nicht überschauen kann.
Er geht mir voraus – dorthin, wo heute *mein Galiläa* ist. Er geht mir voraus in die Begegnungen dieses Tages, in die Gespräche, die ich zu führen habe, in die Auseinandersetzungen und Entscheidungen, die auf mich warten. Er geht mir voraus und ist bereits dort, wohin ich komme. Dort werde ich ihn *sehen*, in den unangenehmen Ereignissen dieses Tages ebenso wie in den angenehmen. Er will mir begegnen, dort, wo ich heute meinen Tag zu bestehen versuche.

Wenn ich diese Botschaft ernst nehme, dann bleiben die unterschiedlichen Wege, die unterschiedlichen Begegnungen dieses Tages weiterhin meine Sache. Aber ich bin nicht allein, es geht jemand voraus und ist dabei, wenn ich mich aufmache.
Wie für die Jünger Jesu hängt auch für mich, für uns alles daran, ob wir diesem Wort glauben, ob wir seiner Zusage trauen und sie persönlich ergreifen: Er geht uns voraus. Wir werden ihm begegnen in den Menschen und Situationen dieses Tages. Doch zugleich gilt auch: Er ist bei mir, wenn ich allein bin, wenn ich heute niemanden treffe und die Stunden des Tages endlos erscheinen. Er teilt mein Leben mit mir, weil er mich liebt.

Was sucht ihr den Lebenden bei den Toten?

„Wer sucht, der findet", behauptet das Sprichwort. Doch oft scheint die Wirklichkeit dieses Wort zu widerlegen. Wir suchen zum Beispiel verzweifelt nach dem Autoschlüssel, weil es eilt – doch vergeblich. Ein Termin wird verpasst. Wir suchen nach einem Zettel mit wichtigen Notizen – vergeblich. Irgendwer hat ihn verlegt oder aus Versehen gar weggeworfen.
Schmerzlicher als die Suche nach bestimmten Gegenständen wird unser Suchen, wenn es sich auf einen Menschen richtet, dessen Nähe uns fehlt, vielleicht, weil eine Beziehung zerbrochen ist; vielleicht, weil er nicht mehr unter den Lebenden weilt. – Solange ich *suche*, bleibt mir bewusst, dass etwas fehlt. Es klingt paradox, aber gerade das, was nicht da ist, hält mich in Bewegung. Das Vermisste wird durch mein Suchen immer wertvoller. Ein Mensch, den mein Herz sucht, erscheint als einzigartig und unersetzlich in meinem Leben.

Mit dem Herzen gesucht haben auch die Frauen, die am Ostermorgen das Grab Jesu leer fanden. Sie glaubten zu wissen, *wen* sie suchten und *wo* sie ihn finden könnten. Nun stehen sie ratlos da und erschrecken, als sie plötzlich gefragt werden: „Was sucht ihr den Lebenden bei den Toten?" (Lk 24, 5). Wie sollen sie das verstehen? Der Tote weilte nicht mehr unter den Lebenden, das haben sie erfahren. Und nun die Botschaft: Er lebt. Ihr sucht ihn hier am falschen Ort. Einen Lebenden sucht man nicht bei den Toten. – So schnell kann ihr Herz noch nicht umdenken und von Trauer zur Freude finden. Erst langsam begreifen sie: Er, um den wir trauerten, lebt. Von nun an werden wir Jesus unter den Lebenden suchen und finden.

„Was sucht ihr den Lebenden bei den Toten?" In doppelter Richtung bewegt mich dieses Wort: Einmal sehe

ich mich gefragt: Was suche und ersehne ich zutiefst? Suche ich falsch – oder am falschen Ort? Und zum anderen: Wie gehe ich damit um, wenn ich über den Verlust eines lieben Menschen klage, wenn ich mit ihm meine Hoffnungen zu Grabe getragen habe? Klingt da nicht ein solches Wort wie Hohn: „Was sucht ihr den Lebenden bei den Toten?"
Für die Frauen am Ostermorgen hat dieses Wort ein Umdenken bewirkt. Sie haben aus ihrer Trauer herausgefunden – buchstäblich den Gang vom Grab ins Leben zurückgewagt.

„Die hatten ja auch allen Grund dazu; denn Jesus lebte wirklich", wird mancher jetzt sagen. Es ist eine unglaubliche Botschaft, die der christliche Glaube verkündet: Jesus, der am Kreuz starb, er lebt. Und diese befreiende Botschaft leuchtet auch heute auf über all unseren Gräbern: Bei ihm und mit ihm leben unsere Toten. Deshalb darf die Suche unseres Herzens sich neu den Lebenden zuwenden. Was unsere Toten geliebt haben in ihrem Leben – und wir mit ihnen –, wir dürfen es auch jetzt weiter lieben. Woran sie sich erfreuten, darf weiterhin unsere Freude sein.

Das zu glauben wird uns gewiss nicht leicht. Unser Herz braucht seine Zeit, um die widerstreitenden Gefühle und Fragen in uns zu beruhigen: Tun wir dem geliebten Menschen nicht Unrecht, wenn wir das Leben bejahen? Müssen wir nicht seinetwegen jetzt auf alle Freude verzichten? ... Der Glaube, dass unsere Toten bei Gott leben, hebt die schmerzliche Lücke nicht auf, die sie bei uns hinterlassen. Er kann uns aber helfen, getrösteter zu leben.
Nein, wir tun den Toten kein Unrecht, wenn wir sie bei den Lebenden suchen. Es ist vielmehr ein Zeichen der Treue und Liebe zu ihnen, ein Zeichen über den Tod hinaus.

Jesus sagte zu ihr: Maria!

„Liebe macht erfinderisch." Das gilt für das gegenseitige Sich-Beschenken. Das gilt für die vielen kleinen Aufmerksamkeiten, die Liebende füreinander entdecken.
Vielleicht sind wir heute Morgen aufgewacht mit einer guten Idee, wie wir einem lieben Menschen eine Freude machen können: Das kann ein Besuch bei einem kranken oder alten Menschen sein; das kann ein Brief für einen alleinstehenden, einsamen Menschen sein; das kann ein Blumenstrauß für eine Kollegin zum Geburtstag sein oder eine kleine Überraschung für den Ehepartner/die Ehepartnerin, wenn er/sie von der Arbeit heimkommt oder für den Sohn/die Tochter nach Schulschluss.

„Liebe macht erfinderisch." Das gilt auch im Erfinden von Namen für den geliebten Menschen. Wenn diese Namen *echt* sind, wenn sie *passen*, dann drücken sie etwas aus von der Bedeutung, die einer für den anderen hat. Im Namen klingen dann gemeinsame Erfahrungen auf. – Wenn Eltern ihrem Kind einen Namen geben, dann haben sie in der Regel diesen einen Namen unter anderen möglichen ausgewählt. Der Name ist Ausdruck ihrer Liebe zu ihrem Kind. Sein Klang weckt positive Erinnerungen, Wünsche und Hoffnungen.

Im Neuen Testament sind wir Zeuge eines ganz kurzen Zwiegespräches zwischen dem auferstandenen Jesus und Maria von Magdala. Hier geschieht das Entscheidende in der Begegnung durch die Nennung des Namens: „Maria" und ihre Antwort: „Rabbuni" – „Meister" (Joh 20, 16). Sie hatte Jesus nicht erkannt, als er plötzlich dastand. Er war einem Gärtner zum Verwechseln ähnlich. So richtet sie an ihn die Frage nach dem Geliebten, den sie sucht und dessen Grab sie leer fand. Jesu Antwort trifft sie im Innersten: „Maria!" Mehr nicht, nur: „Maria!" Was in diesem Namen alles mitschwingt für sie, können wir nur ahnen. So hatte er sie offenbar angesprochen, damals, als sie ihre Vergangenheit – wie immer sie war – loslassen und durch ihn ein neues Leben beginnen konnte. Es ist der Name der Liebe, in dem sie sich ganz erkannt und geborgen fühlte und fühlt.

Verflogen ist alle Trauer und Dunkelheit: „Rabbuni" – „Meister". Jesus hat ihr geholfen, ihr Leben zu meistern, er hat ihren Blick und ihr Interesse weggelenkt von sich selbst hin zu neuen Aufgaben, die auf sie warten.
In diesem kleinen Zwiegespräch zwischen Maria von Magdala und Jesus am Ostermorgen wird auch für uns etwas Wichtiges deutlich: Wie Maria bin ich von Gott mit Namen gerufen. Mein Name ist Ausdruck seiner Liebe zu mir. Er lädt mich ein, mich auf seine Liebe einzulassen und meine persönliche Antwort zu geben.

Doch, klingt das nicht reichlich abstrakt? Wo höre ich denn diesen Namen, mit dem Gott mich ruft? – Ja, das bleibt alles sehr abstrakt, solange ich auf den Klang der Stimme Gottes warte, um meinen Namen zu hören.

Ich denke wieder an Maria von Magdala: Die Gestalt und Stimme Jesu sind zum Verwechseln – also: sehr menschlich. Heißt das nicht, dass ich die Stimme Gottes auch im Menschen neben mir vernehmen darf? Wenn er mich anspricht, spricht Gott mich an. Er bittet mich, ihn anzunehmen in diesem konkreten Menschen. Gott spricht aber auch in meinem Herzen zu mir, wenn ich bete oder einfach still werde. Dort gibt er mir Impulse, wie ich die Antwort der Liebe finden kann.

Unsere guten Ideen, mit denen wir heute Morgen vielleicht aufgewacht sind, könnten ein solcher Impuls sein.
„Maria" – „Rabbuni" – „Meister" – im Namen verbirgt sich ein Stück Geschichte zwischen Gott und mir. Jeder Tag lässt mich eine neue Seite aufschlagen.

Wir aber hatten gehofft ...

Die Zeitungen präsentieren uns solche Nachrichten am Frühstückstisch: „Die Firma XY hat Konkurs angemeldet. Hunderte von Mitarbeitern stehen auf der Straße. Alle Sanierungsmaßnahmen waren erfolglos ..." Oder: „Bei einem Verkehrsunfall auf der Autobahn fanden zwei Menschen den Tod, zwei weitere wurden schwer verletzt ..." Immer verbergen sich hinter solchen oder ähnlichen Ereignissen viele Einzelschicksale, in denen es um Scheitern, enttäuschte Erwartungen, Hoffnungslosigkeit und Verzweiflung geht. Immer sind Menschen betroffen, deren persönlicher Lebensinhalt unter Umständen zerstört ist. – Hoffen angesichts solch harter Schicksalsschläge erscheint manchem verständlicherweise als widersinnig und unmöglich.

Und so verstehen wir auch das Verhalten der beiden Jünger Jesu, die nach der bitteren Enttäuschung des Karfreitags Jerusalem den Rücken kehren. Was sollen sie noch dort, wo all ihre Hoffnungen, ihre Zukunftspläne begraben liegen? Drei Jahre lang waren sie diesem Jesus von Nazaret gefolgt. Vergeblich! Was sollen sie noch dort, wo sie glaubten, eine neue Gemeinschaft von befreiten Menschen mit ihm aufbauen zu können?
Nach Emmaus sind sie unterwegs. Doch wahrscheinlich könnten sie nicht sagen, warum sie gerade dorthin gehen. Nur weg von diesem Ort der Erinnerungen, der Hoffnungen und des Scheiterns.

Wie sehr sie noch gefangen sind im Geschehen der vergangenen Tage, zeigt die Tatsache, dass ihre Gespräche unterwegs immer wieder gerade um dieses Geschehen kreisen. So erkennen sie Jesus auch nicht, als er sich wie ein fremder Wanderer zu ihnen gesellt. Sie erzählen ihm den Grund ihrer Traurigkeit und Niedergeschlagenheit. Das ganze Ausmaß ihrer Betroffenheit blitzt auf in dem kleinen Satz: „Wir aber hatten gehofft, dass er der sei, der Israel erlösen werde" (Lk 24, 21).

„Wir aber hatten gehofft ..." – Einsatz für ein lohnendes Ziel, Lebenssinn und Lebenserfüllung, das und vieles andere mag sich an enttäuschter Hoffnung hinter diesem Ausruf verbergen. Wie schwer ist es, aus solch tiefer Niedergeschlagenheit wieder aufzuschauen und Positives wahrzunehmen! Der Evangelist Lukas zeigt, wie mühevoll ein solches Unterfangen selbst für Jesus ist. Sie erkennen ihn nicht in der Gestalt des Wanderers. Sie erkennen ihn nicht in den Worten der Heiligen Schrift, die er zur Deutung des Geschehens anführt. Sie erkennen ihn erst, als er mit ihnen das Brot bricht.

Vielleicht erfahren wir uns zur Zeit selbst in einer solchen Situation oder kennen jemanden, dem es so geht: Erwartungen, Hoffnungen, die wir mit Menschen, mit Situationen oder Zukunftsperspektiven verbanden, sind enttäuscht worden. Weil es an diesem einen Punkt nicht wie erhofft weitergeht, gerät leicht der Sinn des Ganzen ins Wanken. Was soll dann alles noch?

Die Geschichte der Emmausjünger ermutigt uns dazu, mit einem Menschen unseres Vertrauens über unsere zerstörten Hoffnungen und Pläne zu sprechen. Sie ermutigt uns auch, selbst für andere ein teilnahmsvoller Zuhörer zu sein. Zwar können wir einander nicht das Gebäude unserer zerstörten Hoffnungen wieder aufrichten; aber wir können doch versuchen, miteinander die ersten Bausteine an Mut und Vertrauen für ein neues Lebensgebäude zu entdecken. Wo wir so aufeinander zugehen, dürfen wir sicher sein, dass der Herr – vielleicht zunächst noch unerkannt – bei uns ist auf unserem Weg.
Vielleicht gewährt er auch uns in der Gemeinschaft des Brotbrechens die Erkenntnis: Er ist da mitten in unserer Enttäuschung. Er geht unsere Wege mit. Er lässt uns neu hoffen.

In dieser Nacht fingen sie nichts

Es gibt Signal- oder Reizwörter, die in uns eine ganze Kette von Assoziationen auslösen, Gedanken, Begriffe und auch Gefühle. Dahinter stehen Erfahrungen, die durch das Reizwort in uns wieder lebendig werden.

Nacht ist ein solches Signalwort. Was löst es in uns aus? Vielleicht wird die vergangene Nacht lebendig: der erholsame Schlaf, die wohltuende Ruhe – oder aber auch die quälenden Stunden des Wachliegens, die endlos erscheinenden Stunden der Dunkelheit. Aber sehr bald schon meldet sich vielleicht ein anderes: Da ist die Nacht der Angst, der Hoffnungslosigkeit und Verzweiflung. Da ist die Nacht der Vergeblichkeit und Aussichtslosigkeit, die Nacht der Lähmung all meiner Kräfte.

Dem Wort *Nacht* entsprechend löst das Signalwort *Morgen* gegenteilige Empfindungen aus. Morgen, das ist das ersehnte Ende einer durchwachten Nacht; das ist der Strahl der Sonne über einer vom Lärm des Tages noch unberührten Natur. Morgen, damit verbinden wir aber auch neue Hoffnung, Mut und Tatkraft. Morgen meint: Die Angst und Auswegslosigkeit der Nacht haben ihre bedrückende Macht verloren, Neuanfang ist möglich.

Wenn in der Bibel von *Nacht* und *Morgen* die Rede ist, dann schwingen solche Erfahrungen mit.

Nach dem Tod Jesu, so berichtet der Evangelist Johannes, haben sich einige seiner Jünger wieder ihrer gewohnten Arbeit, dem Fischfang, zugewandt. Es ist ihr Versuch, das Scheitern des Karfreitags, und damit verbunden die eigene Enttäuschung, irgendwie zu verkraften. Arbeit hilft bekanntlich über vieles hinweg.
Doch am Morgen kommen sie heim – mit leeren Netzen: „Aber in dieser Nacht fingen sie nichts" (Joh 21, 3). Ihre

eigenmächtige Rückkehr ins alte Leben gelingt nicht. Der bisherige Kurs gilt nicht mehr. Ihre selbstgeschmiedeten Pläne werden durch-kreuzt.

Und in dieser erfolglosen Nacht holt Jesus seine Jünger ab. „Als es schon Morgen wurde", heißt es, „stand Jesus am Ufer" (Joh 21, 4). Er führt sie aus der Nacht des Zweifels in den Morgen neuer Aufgaben: „Lasst die Fische, kommt mit zu den Menschen!", könnten wir diesen neuen Weg der Jünger umschreiben.

Solche *Nacht*, wie sie die Jünger erlebten, währt manchmal sehr lange. Und das scheinbar vergebliche Warten auf den neuen Tag zermürbt. Vielleicht erinnert uns das an eigene Erfahrungen.

Mich bewegt, dass auch die Jünger nicht wussten, wann ihre Nacht der Vergeblichkeit enden könnte. Kein Lichtstrahl eines neuen *Morgens* zeigte sich – und doch stand auf einmal Jesus da, und ein neuer Tag brach an.

Kann ich das glauben, dass auch meine *Nacht* vorübergeht, nicht endlos ist?
Kann ich das glauben, dass es solche *Nacht-Erfahrungen* braucht, um die Chance eines neuen *Morgens* erleben zu können?
Nicht immer bin ich bereit, freiwillig Liebgewordenes loszulassen, um offen zu werden für neue Möglichkeiten. Da kann es sehr schmerzhaft sein, wenn mir genommen werden muss, was sich als falsche Richtung erwiesen hat.

„Als es Morgen wurde, stand Jesus am Ufer." Das ist meine Chance. Heute steht er am Ufer *meines* Lebens. Dieser Tag ist sein Angebot an mich. Darf ich nicht, ähnlich wie die Jünger, mir sagen lassen: „Lass das Gestern, fang heute neu an, geh mit mir zu den Menschen"?

Ich bin bei euch

Wir kennen die Redewendung: Jemand fühlt sich „Matthäus am Letzten". Das heißt: Er weiß nicht mehr weiter, ist ratlos oder hilflos, hat keine Kraft mehr, ist verbraucht oder auch finanziell ruiniert. Wer „Matthäus am Letzten" ist, ist an einem Punkt angelangt, der besagt: Ich bin am Ende; tiefer kann es nun nicht mehr bergab gehen.
Selbst wer diesen Ausspruch nicht kannte, kennt solche Situationen, in die hinein dieses Wort passt als Ausdruck der Niedergeschlagenheit und Resignation.
„Matthäus am Letzten" fühlt sich der Arbeitnehmer, der seinen Arbeitsplatz verloren hat und trotz redlichen Mühens keine neue Beschäftigung findet.
„Matthäus am Letzten" fühlt sich der Kranke, wenn alle verordneten Therapien ohne Erfolg bleiben.
„Matthäus am Letzten" fühlt sich der Ehepartner, wenn all seine Anstrengungen, die Gemeinsamkeit zu retten, fehlschlagen.

Eigentlich bin ich erstaunt darüber, dass ich nicht früher auf jenes andere „Matthäus am Letzten" gestoßen bin, das im Neuen Testament überliefert ist.

Im letzten Vers des Matthäusevangeliums sagt Jesus: „Seid gewiss: Ich bin bei euch alle Tage bis zum Ende der Welt" (28, 20). Dieses Wort richtet Jesus an seine Jünger. Er beauftragt sie, in die Welt hinauszuziehen und alle Menschen zu Jüngern Jesu zu machen. Auf diesen schweren Weg gibt er ihnen die Zusage mit: „Seid gewiss: Ich bin bei euch alle Tage bis zum Ende der Welt."

Diese Aussage des Matthäusevangeliums schlägt eine ganz andere Richtung ein als die Redewendung. Ja, mehr noch: Sie zeigt den Weg auf, herauszufinden aus der Niedergeschlagenheit, aus dem Erledigtsein, das sich in der Redewendung ausdrückt.

Die Jünger Jesu kannten sehr wohl die Erfahrung, am Ende zu sein, nicht mehr weiter zu wissen. Noch in dieser Begegnung mit Jesus, da er sie aussendet, heißt es von ihnen: „Einige aber hatten Zweifel" (28, 17). Sie brauchten also diese Zusage Jesu: „Seid gewiss, ich bin bei euch..." Jesus weiß um ihre Schwachheit und geht darauf ein: „Habt doch keine Angst, ihr seid nicht allein. Ich bin bei euch – immer."

Natürlich ist diese Zusage Jesu kein Patentrezept, das die Jünger nun mit sich führen, um von aller Mühsal und Gefahr verschont zu bleiben. Nein, das Mitgehen Jesu bewahrt sie nicht vor Misserfolg, Verkanntwerden und Ablehnung; aber es stärkt sie zu einem täglich neuen mutigen Dennoch. Nicht der Erfolg zählt, sondern ihre Treue im täglichen Einsatz. Im Blick auf Jesus verlieren dabei Niedergeschlagenheit und Ausweglosigkeit ihren lähmenden Stachel.

Ist damit nicht auch für uns heute ein Weg aufgezeigt heraus aus Hoffnungslosigkeit und Verzweiflung? Dieser Weg lädt ein, dem Wort Jesu zu vertrauen. Nur so kann es seine Tragfähigkeit auch für uns heute erweisen. Das ist keine Vertröstung angesichts unlösbarer Probleme; denn die Mühe um den Arbeitsplatz bleibt weiterhin *meine* Aufgabe. Die Erfolglosigkeit im Heilungsprozess wird deshalb nicht einfach aufgehoben. Eine Ehekrise ist dadurch nicht schon überwunden. Aber ich stehe damit nicht mehr allein. Jesu Mitgehen bewahrt mich zwar nicht *vor* allem Leiden, wohl aber *im* Leiden.

Der Glaube sagt mir: Diese Verheißung Jesu gilt mir ganz persönlich: „Sei gewiss: Ich bin bei *dir* alle Tage – auch heute. Ich gehe mit dir die heute nötigen Schritte!"

Zum Pfingstfest

„Wes' Geistes Kinder sind wir?" Diese Frage zu stellen, heißt unterschiedlichste Antworten provozieren – im gesellschaftlichen, politischen wie auch im religiösen Bereich. Wes' Geistes Kind bin *ich*? Was treibt mich an; was be-geistert mich?

„Der Heilige Geist ist mir doch sehr fremd; ich wende mich lieber an Gott-Vater." Diese Aussage einer kirchlich engagierten Frau habe ich noch im Ohr. Sie verdeutlicht, was offensichtlich für viele zutrifft und was wir vielleicht auch selbst bestätigen können: Der Heilige Geist ist der große Unbekannte, wenn wir von Gott sprechen. Folglich ist das Pfingstfest – Abschluss und Vollendung des Osterfestkreises – für manche ein Fest, mit dessen Inhalt sie nichts anfangen können.

Die geschlossenen Türen, hinter denen sich die Jünger am Osterabend aus Furcht vor den Juden verbarrikadiert haben, könnten demnach auch ein Bild sein für unseren fehlenden Zugang zur Wirklichkeit des Geistes Gottes und somit zum Pfingstfest.

Doch es gibt ja auch die anderen Menschen, für die der Heilige Geist *die* zentrale Größe ist, wenn sie das Wirken Gottes erfahren und beschreiben. Vielleicht kennt mancher von uns auch persönlich solche geisterfüllten Menschen. Sie wollen uns ermutigen, uns neu auf die biblischen Texte des Pfingstfestes einzulassen, damit vielleicht ein Funke jenes Feuers auch auf uns überspringen kann.

Während sich die Geistsendung aus der Sicht des Johannesevangeliums am Ostertag selbst ereignet, spricht Lukas in der *Apostelgeschichte* vom Pfingstereignis am fünfzigsten Tag nach Ostern. In Bildern, die an die Begleiterscheinungen bei der Übergabe der Thora am Sinai erinnern, kommt hier der Heilige Geist in Sturm und Feuerzungen auf die Jünger herab. Sein Kommen bewirkt, dass die vorher verängstigten Jünger nun mutig an die Öffentlichkeit treten. Die Zuhörer vernehmen Worte in fremden Sprachen – und doch versteht jeder den Sinn der Botschaft. Wie immer sich das Pfingstwunder ereignet haben mag, dass mit den Jüngern etwas geschehen ist, können alle Umstehenden beobachten. Machtvoll treten Petrus und die anderen Apostel auf und verkünden: Der Gekreuzigte lebt! – „Alle wurden mit dem Heiligen Geist erfüllt ..." (Apg 2, 4), heißt es da. Wie der Geist die Jünger be-wegt hat, so be-wegt er nun auch die Zuhörer. Es trifft sie „mitten ins Herz", was sie da hören, und die Frage drängt sich ihnen auf: „Was sollen wir tun, Brüder?" (2, 37).

Die Bilder der Apostelgeschichte für dieses unbeschreibliche Geschehen sollten uns nicht davon abhalten, nach dem zu fragen, was sich am ersten Pfingsttag ereignet hat:
Verängstigte Menschen treten plötzlich mit allem Freimut auf.
Sie verkünden Ungeheuerliches: Der, den ihr gekreuzigt habt, er lebt.
Die Gabe der Sprache bewirkt Verständigung über alle nationalen Grenzen hinweg.
Menschen fragen nach Orientierung und Wegweisung, weil sie an den Jüngern sehen, dass mit ihnen Großes geschehen ist.

Wenn der Heilige Geist Menschen ergreift – das wird hier deutlich –, kann das nicht verborgen bleiben, damals nicht und auch heute nicht.

Nach dem *Johannesevangelium* ist die Situation der Jünger ganz ähnlich wie in der Apostelgeschichte geschildert.

Bei verschlossenen Türen tritt Jesus in die Mitte der Seinen, entbietet ihnen den Friedensgruß und zeigt ihnen – unaufgefordert – die Wundmale. Die Erkenntnis: „Der Herr lebt!" erfüllt die furchtsamen Jünger mit Freude. Noch einmal spricht Jesus ihnen seinen Schalom zu, die österliche Gabe des Auferstandenen. „Wie mich der Vater gesandt hat, so sende ich euch" (Joh 20, 21). Er nimmt die Jünger in seine eigene Sendung hinein. Sie sollen sein Werk fortsetzen – und das unter der Leitung des Geistes, den er ihnen nun zuspricht. Er haucht sie an, und in diesem Zeichen und seinem deutenden Wort: „Empfangt den Heiligen Geist!" (20, 22) rüstet er sie aus mit der Kraft „von oben". Im Heiligen Geist erhalten sie die Vollmacht, Sünden zu vergeben oder solche Vergebung zu verweigern.

Genau diese Botschaft will der Text vermitteln: Vergebung der Sünden, das ist möglich, weil Jesus den Tod überwunden hat. Und diese Vergebung bewirkt der Geist Gottes!
Gott bindet sich an menschliches Tun, weil er darauf vertraut, dass sein Geist die Menschen leitet.

Was durch den Geistempfang für die Jünger geschehen ist, davon erzählt die Geschichte der Kirche; denn Pfingsten ist der Geburtstag der Kirche.

Nun wird vielleicht mancher einwenden: „Heiliger Geist – wirksam in der Kirche? Das mag am Anfang so gewesen sein; aber heute? Da möchte ich so manches eher als geist*los* betrachten, was sich da tut, nicht aber als vom Heiligen Geist erfüllt."

Sicher geht manches, was wir heute erfahren – auch in der Kirche – auf das Konto des *Zeitgeistes*. Und wer kann sich davon freisprechen, gelegentlich auch auf ihn zu hören? Dennoch bleibt gültig: Der Heilige Geist ist das

Lebensprinzip der Kirche. Ohne ihn wäre das, was wir Kirche nennen, irgendein Verein neben anderen. Allerdings kann dieser Geist nur dort etwas bewirken und verändern, wo Menschen sich ihm öffnen. Im Klartext gesprochen: Nur wo wir einen „Landeplatz" für den Heiligen Geist haben, kann er ankommen und durch uns auch für andere erfahrbar werden.

An seinem Wirken wird der Heilige Geist erkannt. Und da lohnt es sich, einmal auf Entdeckungsreise zu gehen, um Spuren seiner Anwesenheit wahrzunehmen:
Wo zum Beispiel ein Mensch eintritt für Frieden und Versöhnung – da ist es der *Heilige Geist*, der hier initiativ wird.
Wo Liebe den Hass besiegt, auch im täglichen Kleinkrieg – da bahnt *er* einen Weg zum Mitmenschen.
Wo einer neu anfangen darf nach Scheitern und Versagen – da ist *er* es, der neue Hoffnung und Zukunft ermöglicht.
Wo wir die Erfahrung machen, dass jemand uns aufrichtet aus unserer Schwachheit – da ist *er* die Kraft, die uns erhebt und stärkt.
Wo Menschen sich von Herzen freuen können – da ist *er* die Mitte und der tiefste Grund ihrer Freude.

Sicher können viele Menschen solche Spuren des Geistes in unserer Welt – auch in der Kirche – aus eigener Erfahrung ergänzen. Es lohnt sich, diesen Geist-Spuren nachzugehen. Solche Be-geisterung äußert sich nicht unbedingt in lautem Jubel; oft wirkt sie in aller Stille, aber zuverlässig und treu.

Unsere Bitte am Pfingstfest: „Komm, Heiliger Geist!" muss ihn nicht erst aus der Ferne herbeirufen. Er lebt ja in uns. Aber mit dieser Bitte laden wir ihn ein, in unserem Leben wirksam zu werden, um *durch uns* das Antlitz der Erde zu erneuern.

Zum Dreifaltigkeitsfest

Was Gottesbilder bewirken können, positiv wie negativ, das wissen wir. Und wir wissen auch, wie schwer ein in der Kindheit vermitteltes Gottesbild sich später korrigieren lässt. Das liegt daran, dass wir mit dieser Vorstellung von Gott bestimmte Erfahrungen verbinden. Um nur zwei Beispiele zu nennen: Wer Gott als den „guten Vater" am eigenen Vater erlebt hat oder wem Gott als drohender und ständig kontrollierender Polizist durch seine Bezugspersonen vermittelt wurde, der wird auch als Erwachsener zu einem guten Vater-Gott beten können oder aber vor einer gefürchteten Kontrollinstanz auf der Hut sein. – Ändern kann sich ein solches Gottesbild nur durch gegenteilige Erfahrungen.

Wie stelle ich mir Gott vor? – Wenn junge Menschen über ihre Vorstellung von Gott sprechen, sagen sie oft: „So, wie ich ihn mir früher vorstellte, als Mann mit langem, weißem Bart, oben auf einer Wolke thronend, kann ich ihn heute nicht mehr sehen." Aber wie dann? Da wird es schwierig. Manchmal verflüchtigt sich die Gottesvorstellung in irgendein „höheres Wesen", das es schon geben wird, zu dem aber der Kontakt immer weniger greifbar wird. Und um diese reale Möglichkeit des Kontaktes – sagen wir besser: der *Beziehung* zu Gott – geht es doch, wenn wir christlich von Gott sprechen.

Das Dreifaltigkeitsfest stellt uns diesen Gott vor als den *einen* Gott, der gleichzeitig *drei-einig* ist: Vater, Sohn und Geist. Was berechtigt uns, so von dem *einen* Gott zu sprechen, den wir – wie die Bibel des Ersten Bundes bezeugt – mit Juden gemeinsam bekennen?

Zugang zum Geheimnis des Dreifaltigkeitsfestes, das gleichwohl *Geheimnis* bleibt, finden wir über *Jesus* und seine Botschaft vom Vater im Himmel und vom Geist, den der Vater im Namen Jesu sendet (vgl. Joh 14, 26).

Das Evangelium vom Dreifaltigkeitssonntag bildet den Abschluss des Matthäusevangeliums. Es spricht von der letzten Erscheinung des Auferstandenen vor den Jüngern.
Die Weisung des Engels am Grab, Jesus werde den Jüngern nach Galiläa vorausgehen und dort werde er sich ihnen zeigen, führt die Jünger zurück an den Anfang der Jüngerschaft – und hier erfolgt ihre Sendung. Der *Berg* der Erscheinung Jesu erinnert an jenen anderen Berg, den Sinai, wo Gott einst dem Mose erschien.

Dass auch das *Sehen* Jesu nicht vom *Glauben* an ihn entbindet, zeigt sich darin, dass einige Jünger anbetend niederfallen vor Jesus, während andere zweifeln. Vielleicht überzeugt sie das Wort Jesu: „Mir ist alle Macht gegeben im Himmel und auf der Erde" (Mt 28, 18), das heißt überall. Vielleicht hilft ihnen aber noch eher, dass Jesus auf sie zugeht, ihnen gleichsam beistehen will, ihre Zweifel zu überwinden.

Aus seiner Vollmacht sendet Jesus die Jünger „zu allen Völkern": „Macht alle Menschen zu meinen Jüngern; tauft sie auf den Namen des Vaters und des Sohnes und des Heiligen Geistes, und lehrt sie, alles zu befolgen, was ich euch geboten habe" (28, 19-20).

Zu oft schon haben wir diese Worte gehört, deshalb finden sie bei uns auch kaum Resonanz; und deshalb *über*hören wir leicht, was uns dem Festgeheimnis näher bringen könnte.

Die Taufe, so heißt es, soll „auf *den* Namen des Vaters und des Sohnes und des Heiligen Geistes" erfolgen. Die drei göttlichen Personen sind zusammengefasst in dem *einen* Namen. Das sagt doch aus, dass Gott im Sohn und im Geist genauso gegenwärtig ist wie im Vater. Wenn ich mich im Gebet also an den Sohn wende, ist der drei-eine Gott angesprochen; ebenso sind im Gebet zum Heiligen Geist der Vater und der Sohn anwesend.

Und noch etwas sagt der Text nicht nur für die damals Angesprochenen, sondern auch für uns heute aus: Der Auftrag lautet: *aufbrechen – zu Jüngern machen – taufen und lehren.*
Wir würden heute gerne *um*stellen – und merken nicht, dass wir dadurch möglicherweise etwas Wesentliches *ver*stellen. Uns läge es näher zu sagen: Macht euch auf den Weg, lehrt die Menschen, dann tauft sie und macht sie *so* zu Jüngern Jesu. Tatsächlich steht hier aber das Jünger-Werden *vor* der Taufe und der Lehre. Jünger sein bzw. werden heißt: in eine Beziehung eintreten, Gott als lebendiges Gegenüber erfahren, mit dem ich in Gemeinschaft leben will. Erst wenn die Beziehungsfrage geklärt ist, kann die Taufe diese Beziehung konkretisieren, und dann ist Offenheit da, in der Lehre mehr von diesem Gott zu erfahren.

Ob Gott nicht deshalb für viele heute zum Problem geworden ist, weil sie ihren Glauben – immer noch – nur als ein „Für-wahr-Halten" von Glaubenssätzen verstehen, nicht aber als lebendige Beziehung?

Gott nimmt mich als Partner, als Partnerin ernst in dem Glaubens-Bund, den er mir anbietet!

Dass Gott den Menschen sucht, auf ihn zugeht – wie Jesus auf die zweifelnden Jünger –, das hat wiederum mit diesem drei-einigen Gott zu tun. Weil Gott in sich selbst Beziehung ist: Vater – Sohn – Geist, will er den Menschen, sein Ebenbild, als Gegenüber, das sich freiwillig ihm zuwendet.

Es mag viele Worte geben, um diese Beziehung *in* Gott näher zu charakterisieren. Das Neue Testament kennt hierfür wohl als schönstes und treffendstes Wort: „Gott ist die Liebe!" (1 Joh 4, 8). Diese Liebe verschenkt sich zwischen Vater, Sohn und Geist und zum Menschen hin: „So sehr hat Gott die Welt geliebt, dass er seinen einzigen Sohn hingab" (Joh 3, 16) – in der Hoffnung auf Antwort.

Solange wir fragen: Gott, wer ist das *„an sich"*?, bleiben alle möglichen Antworten unbefriedigend, beschäftigen allenfalls unseren Verstand. Wenn wir aber fragen: Gott, wer ist das *„für mich"*?, bewegen wir uns auf dem Boden der Bibel, und die Antwort lautet: „Gott ist der, der dich immer schon sucht, der dir entgegengeht, der um deine Antwort der Liebe wirbt."

Mag sein, dass uns das zu schön klingt, um wahr zu sein. Ich denke aber, dass das Evangelium vom Dreifaltigkeitssonntag hierzu eine wichtige Aussage macht. Es ist zugleich die letzte Aussage des ganzen Matthäusevangeliums: „Seid gewiss: Ich bin bei euch alle Tage bis zum Ende der Welt" (28, 20). Wo wir also ratlos sind, nicht mehr weiter wissen, da dürfen wir erst recht auf die Zusage Gottes bauen: „Ich bin bei euch! Verlasst euch doch auf mein Mitgehen! Nie seid ihr allein!"

Ob Matthäus uns damit einen Schlüssel zum Geheimnis des Dreifaltigkeitsfestes in die Hand geben will? Dieser Schlüssel heißt: Nicht, indem ich mich an *irgendwelche* Leitlinien für mein Leben klammere, finde ich mein Ziel, sondern indem ich befolge, was *Jesus* uns geboten hat.

Nicht im Reden *über* Gott kann ich ihn erfahren, sondern im Gehen *mit* ihm.

Gottesbilder

Gesetzgeber

„Gott ist der einzige Mensch, dem man vertrauen kann." Diese Aussage eines Jugendlichen ließen Gleichaltrige unwidersprochen stehen. Erst im Gespräch ging ihnen auf, was hier gesagt worden war. *Gott*, der einzige *Mensch*, der vertrauenswürdig erscheint!

So menschlich nah ist Gott für viele junge Leute – und gewiss auch für Erwachsene – heute gerade *nicht*. Wenn sie an Gott denken, dann denken sie an Gebote und Verbote: „Du sollst …!", „Du sollst nicht …!" Und mancher empfindet die Gebote als Zumutung, als Einengung seiner Freiheit. Das erklärt, warum viele die als lästig empfundenen Forderungen der Religion längst abgeschüttelt haben und scheinbar ganz gut leben *ohne* Gott.

Lässt sich ein solcher Trennungsstrich zwischen Gott und Mensch wirklich mit dem Hinweis auf die Bibel rechtfertigen, wie einige glauben? Sicher, im 5. Buch Mose heißt es zum Beispiel: „Leben und Tod lege ich dir vor, Segen und Fluch. Wähle also das Leben …" (30, 19). Und als Weg zum Leben gelten für Israel die Gebote seines Gottes. Aber das Volk erfährt sie nicht als Überforderung und Unterdrückung, sondern als Weg-Weisung. Wer sich an die Gebote Gottes hält, wählt den Weg des Lebens, nicht des Todes, das ist für Israel klar.

Vielleicht wendet mancher jetzt ein: „Ich brauche mich gar nicht auf den Gott des Alten Bundes zu berufen, mir reichen bereits die Forderungen der Bergpredigt, zum Beispiel das Verbot der Ehescheidung und die Forderung der Feindesliebe; da fühle ich mich restlos überfordert und das Versagen ist gleichsam vorprogrammiert."

Gott als der Fordernde, mich *Über*fordernde! – Wo unser Gott die Züge einer drohenden Macht erhält, wo man das Gefühl hat, sich vor diesem Gott hüten zu müssen, da bleibt nur die Wahl: Entweder ich befreie mich möglichst bald von dieser Macht – oder: Ich muss mein Bild von Gott gründlich überprüfen.

Unser Gottesbild ist wesentlich grundgelegt durch unsere Eltern und Erzieher, auch durch das soziale und religiöse Umfeld, in dem wir aufgewachsen sind. Dabei ist es nicht nur wichtig, was wir von Gott *gehört* haben, sondern auch, dass unsere ersten Ansprechpartner durch ihr *Verhalten* unser Gottesbild mitgeprägt haben. Vielleicht erinnern wir uns noch solcher Drohworte: „Pass auf, der liebe Gott sieht alles!" Oder: „Das darfst du nicht tun, sonst schimpft der liebe Gott!" – Was aber soll ich tun, wenn in mir dieses Bild des fordernden, mich *über*fordernden Gesetzesgottes ist, wenn ich in der Bibel immer wieder auf Aussagen stoße, die diese meine Sicht zu bestätigen scheinen?

„Wähle ... das Leben", diese Aufforderung gilt auch uns heute. Das Ziel der Gebote auch im Neuen Testament ist Wegweisung, Hilfe zum Leben. Jesus hat den Zaun kleinlicher Auslegungen, den Menschen um das Gebot Gottes gelegt haben, bekämpft. Er hat Menschen befreit, die unter diesem Zwang zu ersticken drohten. Fortan sollten sie nur mehr eines kennen: Gott als die Liebe.

Der Gott, den die Bibel verkündet, erlässt nicht von oben herab Gebote, damit Menschen daran zerbrechen. Wie klein auch wäre ein Gott, der die menschlichen Möglichkeiten durch Gesetze beschneiden müsste! Und wie freudlos wäre dann unser Glaube!

Jesus verkündet Gott als *die Liebe*. Vielleicht haben wir zu lange Gebote und Liebe wie Gegensätze behandelt. Vielleicht wollten wir nur den *Geist des Lebens* ohne den *Buchstaben des Gesetzes*.

Die Devise für uns lautet: „Wähle ... das Leben", wähle es auf dem Weg der Gebote, die dir sicheren Halt bieten!

Richter

„Lass dich nicht vom lieben Gott erwischen!" Wir kennen vermutlich diese Redewendung und erinnern uns vielleicht noch an Situationen, in denen wir sie hörten oder selbst verwendet haben. Gemeint ist: „Pass auf! Was du tust, ist nicht ganz in Ordnung!" Der Widersinn dieser Redewendung wird uns meistens gar nicht bewusst: Wir sprechen vom *lieben* Gott und unterstellen gleichzeitig, dass er darauf aus sei, uns zu erwischen, uns eines Vergehens zu überführen, um uns dann zu bestrafen.

Gott, der große Aufpasser, der genau Buch führt über Gut und Böse in meinem Leben! Gott, der Richter, der Lohn und Strafe bereithält! Viele meinen, dies sei das Gottesbild der Bibel. In Psalm 98 betet der Psalmist zum Beispiel: Der Herr „kommt, um die Erde zu richten. Er richtet den Erdkreis gerecht, die Nationen so, wie es recht ist" (V. 9). Und Jesus mahnt seine Jünger: „Richtet nicht, damit ihr nicht gerichtet werdet!" (Mt 7, 1). Ein Richter verlangt Beweise für Schuld oder Unschuld, weil er ein gerechtes Urteil fällen muss. Wenn dieser Richter als besonders streng und hart bekannt ist, kann man nur mit Angst, mit Zittern und Zagen an den Tag des Gerichtes denken, der uns droht.

„Strenger Richter aller Sünder, der du uns so schrecklich drohst", hieß es früher in einem Lied zur Fastenzeit. Viele werden diese erste Zeile noch im Gedächtnis haben. Ob sie auch noch wissen, wie die zweite Zeile lautet? „Doch als Vater deiner Kinder unser einz'ger Schutz und Trost." Gott als *Richter* und *Vater*! Wer einseitig nur den Richter-Gott kennt, sieht sich bedroht von einer unheimlichen Instanz, der er sich hilflos ausgeliefert fühlt. Wenn mich Angst erfüllt im Gedanken an Gott, wenn ich mit Schreck-en daran denke, dass er all mein Versagen registriert, dann ist mir die Frohbotschaft des Glaubens zur Drohbotschaft geworden. Dann empfinde ich meinen Glauben als bedrückende Last. Ist es da nicht verständlich, wenn Menschen diesen Glauben aufgeben in der Meinung, frei zu werden?

„Wenn dein Gott tot ist, nimm doch meinen", propagierten einst die Hippies ihre Glaubenserfahrungen. Kann man Gott so einfach gegen einen anderen austauschen? Eines ist sicher richtig: Unser Bild von Gott ist wandelbar. Es sollte auch nie so starr sein, dass es nicht mehr offen wäre für neue Erfahrungen mit Gott.

Der Herr „kommt, um die Erde zu richten". Für den alttestamentlichen Beter ist diese Aussage nicht mit Angst besetzt, im Gegenteil: Er jubelt in der Gewissheit, dass Gott einmal kommt und dann alles irdisch-menschliche Richten ein Ende hat. Gott wird richten in Gerechtigkeit. Jedem wird dann sein Recht zuteil. Keiner braucht mehr Angst zu haben, weil dieser Gott auch die kleinste gute Tat nicht vergisst. Diese Gewissheit schenkt dem Beter die nötige Freiheit gegenüber den Mächten dieser Welt.
Jesus nennt Gott seinen und unseren Vater. Und seit er uns den Richter der Welt zugleich als barmherzigen Vater geoffenbart hat, ist uns der Maßstab bekannt, nach dem wir beurteilt werden: „Was ihr für einen meiner geringsten Brüder und Schwestern (nicht) getan habt, das habt ihr mir (nicht) getan" (vgl. Mt 25, 40.45).

Letzter Maßstab für mein Leben ist die Liebe Gottes zu uns Menschen. Wenn ich das weiß, wovor sollte ich da noch Angst haben? – Gottes *Richten* verstehe ich erst dann richtig, wenn ich es mit dem Evangelisten Johannes als *Retten* verstehe (vgl. Joh 3, 17).
Was auch immer ich tue, ich brauche nicht zu fürchten, von Gott *erwischt* zu werden, weil ich weiß, er begleitet mein ganzes Leben mit seiner Liebe. Darauf kann ich mich verlassen.

Heiliger

Im Wartezimmer eines Arztes blätterte ich in einer Illustrierten. Zwischen Prominentenklatsch priesen ganzseitige Werbeanzeigen ihre Produkte an. Mein Blick fiel auf ein Angebot besonderer Art. Da wurden heiliges Taufwasser aus dem heiligen Jordanfluss und weitere heilige Gegenstände aus dem heiligen Land angepriesen – jedes Teil natürlich mit Urkunde über die Echtheit versehen; alles zusammen im Set für knapp 50,- DM erhältlich. Heiliges als Verkaufsobjekt! – Was denken sich Werbefachleute dabei? Und was regt sich bei den Adressaten solcher Werbung – was regt sich bei uns? Bringt das Wort *heilig* vielleicht eine Seite in uns zum Klingen, die seit langem verschüttet ist?

Die Unterscheidung zwischen heiligem und weltlichem Bereich ist den Menschen unserer Zeit nicht mehr ohne weiteres geläufig. Das war anders für die Menschen, von denen die Bibel berichtet. Als Mose in der Wüste vor dem brennenden Dornbusch steht, erhält er die Weisung: „Komm nicht näher heran! Leg deine Schuhe ab; denn der Ort, wo du stehst, ist heiliger Boden" (Ex 3, 5). Für den alttestamentlichen Beter gipfelt die Größe Gottes in seiner Heiligkeit: „Denn heilig ist der Herr, unser Gott" (Ps 99, 9).

Nicht in unendlicher Ferne, nicht weitab vom Geschehen auf der Erde *wohnt* dieser Gott, sondern mitten in seinem Volk. Deshalb nennt die Bibel Gott den *Heiligen Israels*. Gottes Heiligkeit wird für Israel erkennbar in seinem *Wirken*: Gerechtigkeit, Barmherzigkeit und Liebe gehören zu dieser Heiligkeit. Gott selbst hat den Abstand zwischen sich und seinem Volk überbrückt durch seine freie Erwählung dieses Volkes. Darum kann der Beter jubeln: „Denn heilig ist der Herr, *unser* Gott." Israels Glaube gründet in der Heiligkeit Gottes.

Gott, der Heilige, ist kein Kumpel, dem ich auf die Schulter klopfen kann. Er ist auch nicht der Mann mit dem langen Bart, der fern auf einer Wolke thront, wie er offensichtlich Kindern immer noch nahe gebracht wird.
Gottes Heiligkeit entzieht sich unserem Begreifen. Wer sich für sie offen hält, der wird von ihr ergriffen. Staunen, Ehrfurcht und Anbetung sind unsere Antwort, wo wir der Größe und Erhabenheit Gottes begegnen.
Nur wenn wir um die Größe und Heiligkeit Gottes wissen, *verstehen* wir – oder besser: beginnen wir zu *ahnen*, was es heißt: Er, der Unnahbare kommt uns nahe, wird Mensch wie wir – greifbar – *an*greifbar für uns! Der heilige Gott wird ansprechbar in Jesus Christus, trägt einen menschlichen Namen und bleibt doch Geheimnis.

Was aber bedeutet das alles für meinen Glauben? – Das Bild, das wir von Gott haben, bestimmt nicht nur unser Verhalten Gott gegenüber, es prägt auch unseren Umgang mit den Mitmenschen. So wie der heilige Gott unserem Zugriff entzogen ist, so ist auch der Mensch als Gottes Schöpfung für uns letztlich unbegreiflich und unantastbar. Gott schenkt mir in Jesus Christus Zugang zu sich selbst. Auch der Mensch ist für mich zutiefst ein Geheimnis, das nur er selbst mir öffnen kann.

Und noch eins gilt: Gottes Heiligkeit ist nicht nur im Alten Testament eine Herausforderung für das Volk Israel. „Denn Gottes Tempel ist heilig, und der seid ihr", sagt der Apostel Paulus (1 Kor 3, 17). Heilig sein heißt für Christen nun: von Gottes Art sein, und das heißt: eintreten für Gerechtigkeit, sich der Schwachen annehmen in Barmherzigkeit und der Liebe keine Grenzen setzen.
Gott ist heilig – und auch wir sollen heilig sein. Wir werden es nicht durch heilige Orte oder Gegenstände, gleichsam automatisch, wohl aber durch einen lebendigen Bezug zu *dem Heiligen*, zu Gott, durch ein Leben aus dem Geist Jesu.

Treuer

In einem Brief schrieb mir ein junger Mensch: „Seitdem ich Gott mein Leben anvertraut habe, bin ich dabei, mich und mein Leben zu finden. Ich hätte nichts Besseres tun können ..."

Ist das auch unsere Erfahrung? Oder sind wir eher der Meinung: „Hilf dir selbst, dann hilft dir Gott"? Hier werden wir aufgefordert, uns selbst anzustrengen und im Vertrauen auf unsere eigenen Fähigkeiten etwas zu schaffen. Die Aussage des jungen Menschen aber stellt das Vertrauen auf Gott an die erste Stelle, um von dort aus das Leben zu gestalten.

Natürlich sind hier Gottvertrauen und Selbstvertrauen nicht als Gegensätze zu verstehen, als ein Entweder-oder: Entweder vertraue ich Gott und lasse ihn alles machen – oder ich vertraue mir selbst und tue, was ich kann. Auch wer Gott vertraut, muss selbst Hand anlegen, soll etwas geschafft werden. Die Erfahrung des Jugendlichen lebt aus der unausgesprochenen Voraussetzung: Gott ist verlässlich, ihm *kann* ich vertrauen.

Die Botschaft der Bibel bezeugt diese Wahrheit vielfach:
„... du hast mich erlöst, Herr, *du treuer Gott*", bekennt der Beter dankbar im 31. Psalm (V. 6; vgl. Dtn 7, 9).
Der Apostel Paulus schreibt den Korinthern: „*Treu ist Gott*, durch den ihr berufen worden seid zur Gemeinschaft mit seinem Sohn Jesus Christus, unserem Herrn" (1 Kor 1, 19; vgl. 2 Thess 3, 3).
Gottes unbedingte, unwandelbare Treue ist der Garant dafür, dass wir ihm vertrauen können.

Für Israel war die Treue Gottes greifbar in dem Bund, den Gott mit seinem Volk geschlossen hat. Die ganze Geschichte Israels ist ein beredtes Zeugnis dafür, dass Gott trotz aller Untreue seines Volkes an diesem Bund festhält – in Treue. Gottes Treue zu seinem Volk gibt

Israel ein ungeheures Selbstbewusstsein. Eine Schrifttafel auf dem Berge Karmel verkündet: „Israel ist ein lebendiges Zeichen dafür, dass Gott lebt und dass sein Wort ist: Ja und Amen."

Gott als Bundespartner der Menschen! Darf ich das auch auf mich persönlich übertragen? Gott, der unbedingt Treue, Verlässliche, im Bund mit *mir*? Vielen von uns fällt es schwer, das zu glauben. Wir sehen heute Bündnisse zerbrechen, manchmal einseitig aufgekündigt. Wir sehen, dass Verträge nicht eingehalten werden, manchmal willkürlich. Das trifft uns bei Staatsverträgen unterschiedlich stark; sehr massiv jedoch, wenn es um den Bund der Ehe oder um Freundschaften geht. Treue, ist sie nicht eine Utopie, ein Wunschbild der Menschen?
Gottes Treue ist Zusage; und menschliche Treue ist die entsprechende Antwort auf die uns geschenkte Treue Gottes.

Christliche Eheleute zum Beispiel versprechen einander vor Gott und der Gemeinde die Treue, bis der Tod sie scheidet. Dabei wissen wir alle, dass Christen nicht stärker, nicht sicherer sind in ihrer Beziehung zueinander. Aber sie vertrauen sich Gott an. Sie rechnen damit, dass ihre eigene kleine Kraft der Unterstützung durch diesen absolut zuverlässigen Gott bedarf. – Die Dauerform der Liebe heißt Treue. So hält Gott es mit uns, und Menschen versuchen, von seiner Treue zu lernen und einander die Treue zu halten: „in guten wie in bösen Tagen". Gott ist in seiner Liebe unbedingt verlässlich – und seine Liebe ist Orientierungspunkt für menschliche Liebe und Treue.

„… er ist der treue Gott …", das erfahre ich, wenn ich ihn beim Wort nehme und mich in jeder Lage ganz in seiner Hand berge. Vielleicht erfahre auch ich dann: „Ich hätte nichts Besseres tun können", als Gott mein Leben anzuvertrauen.

Freund

Wie unterscheidet sich unser Sprechen mit *Gott* von unserem Sprechen mit den *Menschen*? Ein Elfjähriger antwortete auf meine Frage ganz spontan: „Gott reden wir mit DU an." Hier spricht sich die Erfahrung des Kindes aus: Erwachsene, die nicht zum Familien- und Freundeskreis gehören, spricht man mit „Sie" an; Gott gegenüber aber darf das vertraute DU bleiben. „Gott reden wir mit DU an" – wirklich? *Meinen* wir auch DU, wenn wir DU *sagen*? Du-sagen bedeutet: Wir sind vertraut miteinander; wir sind gut Freund; du darfst mit mir rechnen!
Gott lässt sich von uns duzen – und er steht dazu! Wir dürfen DU sagen, weil er selbst sich als der „Gott mit uns" geoffenbart hat: „Fürchte dich nicht, denn ich bin mit dir ..." (Jes 43, 5).
Gott legt sich uns gegenüber fest: „Ich bin mit dir ..." Wir dürfen ihn beim Wort nehmen. – Entspricht das meinem Gottesbild: Gott als Helfer an meiner Seite, als guter Freund? Wir spüren sehr wohl, dass ein solches Gottesbild unseren Glauben froh macht, ihn als Bereicherung erfahren lässt.

Aber, so wird mancher jetzt vielleicht fragen: Wie kann ich dahin kommen, dass Gott nicht mehr die mir Angst einflößende Autorität ist, vor der ich mich am liebsten verstecke? Andere mögen fragen: Ist Gott überhaupt noch Gott, wenn ich ihn mir so menschlich vorstelle?

Gott lässt sich von uns duzen, er will uns so nahe sein, wie uns ein vertrauter Freund zur Seite ist. Wir haben aber bisher nur die eine Seite betrachtet: Gott lässt sich von uns duzen; es gilt jedoch auch umgekehrt: Gott redet *uns* mit Du an. „... ich habe *dich* bei *deinem* Namen gerufen, *du* gehörst mir", heißt es beim Propheten Jesaja (43, 1). Gott duzt uns, stehen wir dazu? Kann er mit uns rechnen wie wir mit ihm?

Wir stehen hier an einem entscheidenden Punkt. Von Gott her sind alle Wege offen für eine dauerhafte Freundschaft zwischen ihm und uns; unsere Beziehung zu Gott aber gestaltet sich nicht ohne persönliche Beteiligung. Gott zwingt mich nicht zu meinem Glück. Er steht unbedingt zu seiner Zusage, aber es bedarf meiner freien Entscheidung für ihn. Gott respektiert mein Nein. Auf einem *Jein* oder *Ja, aber* lässt sich allerdings keine Freundschaft aufbauen. Die Tragfähigkeit der Beziehung zu Gott erfahre ich nicht, wenn ich mich abwartend verhalte.
Ich verstehe meinen Glauben als ein Unterwegssein mit und zu Gott. Er ist aus freiem Entschluss mein Weggefährte. Ich weiß, es wird manch schwierige, unwegsame Etappe des Weges geben; aber ich weiß auch: Er geht mit! Was *ich* zu bewältigen habe an Anstrengung, nimmt er mir nicht ab; aber er hilft mir und stützt und stärkt mich, wenn ich mutlos werden will.

Ein solcher Gott, der hält, was er verspricht, kann nicht ein Gott sein, den menschliche Phantasie sich ausgedacht hat. Der Gott, den die Christen als ihren Herrn und Vater bekennen, vertröstet auch nicht angesichts der Lasten des Weges mit der Hoffnung auf eine bessere Zukunft. Nicht Vertröstung, wohl aber Trost schenkt er in der Mühsal des Alltags. Und – so getröstet – bin ich aufgefordert, meine Fähigkeiten voll einzusetzen, damit Leben gelingen kann, für mich und für andere.

Alles hängt daran, ob ich Gott die Zusage glaube: „Ich bin mit dir" – und ob ich mich darauf mit meinem Leben einlasse. Es hat also Konsequenzen, wenn ich zu Gott DU sage und wenn ich mich von Gott duzen lasse. Gott bietet mir seine helfende Hand. Die Frage aber bleibt: Will und kann ich diese Freundschaft annehmen und erwidern?

Liebender

"Wir kommen alle, alle, alle in den Himmel, weil wir so brav sind ..." Leicht und beschwingt im Rhythmus des Schunkelns singt dieses Lied vom Ziel menschlichen Lebens und von der Voraussetzung dafür, dieses Ziel zu erlangen. Weil wir so brav sind, kommen wir alle in den Himmel. So einfach ist das. Sicher sollten wir in einem Schlager keine tiefgründigen theologischen Gedanken über Weg und Ziel des Lebens suchen. Mir scheint aber, dass in diesem Schlagertext – ähnlich wie in manch anderen Redewendungen über Gott und die Welt – der Ernst gewisser „Dinge" heruntergespielt bzw. verharmlost wird. Brauchen wir das?
Der Schlager nennt Bravsein auf Erden als Voraussetzung für den Himmel, der uns dann ganz selbstverständlich zusteht: „Das sieht selbst der Petrus ein ..."

Noch immer ist dieses Denken auch unter Christen verbreitet: Wir können uns den Himmel *verdienen*. Wenn eines Tages das Konto meiner Leistungen hoch genug ist, erhalte ich den Himmel als die gerechte Entlohnung. Soll und Haben meines Lebenskontos sind ausgeglichen. Meine Beziehung zu Gott, nur ein Rechenexempel?

Das Leben Jesu zeigt, dass der Schwerpunkt seiner Botschaft gerade *nicht* darin liegt, uns eine göttliche Buchführung nahezubringen. Vielmehr weist er das selbstgerechte Verhalten der Pharisäer zurück, weil Gott darin wie eine kalkulierbare Größe erscheint.

Jesus verkündet Gott als den barmherzigen Vater, dem es nicht um Leistung – im vorweisbaren Sinne – geht, sondern um Liebe. „Wie ein Vater sich seiner Kinder erbarmt, so erbarmt sich der Herr über alle, die ihn fürchten" (Ps 103, 13), *so* verhält sich Jesus gegenüber den *Randexistenzen* seiner Zeit. Er lebt diese Barmherzigkeit

Gottes, zeigt uns: Gott hat ein Herz für die Menschen, und darum will seine Botschaft unser *Herz* erreichen, nicht in erster Linie unseren Verstand, der natürlich nicht ausgeschaltet werden soll. „Wie ein Vater ...", so geht Gott mit uns um. Er weiß um unsere Schwächen. Vor ihm sind wir nicht wie Verkehrs-Sünder, die beim Übertreten von Geboten mit Strafpunkten im himmlischen Sündenregister zu rechnen haben. Nein, er erbarmt sich „über alle, die ihn fürchten". Furcht meint hier nicht Angst vor einem überstrengen Herrn. Hier geht es um *Ehrfurcht* vor Gott, um die Furcht, die Ehre Gottes durch mein Tun und Lassen zu verletzen.

Gott, der barmherzige Vater, voll Liebe und Verstehen für uns Menschen! Machen wir es uns da nicht zu leicht? Können wir dann nicht drauflos leben, weil der barmherzige Gott ja doch alles noch zurechtbiegen wird?

Ein solches Missverständnis des göttlichen Erbarmens würde unsere freie Entscheidung für oder gegen diesen Gott völlig außer Acht lassen. Dem Gottesbild vom barmherzigen Vater entspricht das Bild vom barmherzigen Menschen: „Seid barmherzig, *wie* es auch euer Vater ist" (Lk 6, 36). Es geht Gott um unser *Herz*. Wenn unser Herz erfüllt ist von seiner erbarmenden Liebe, kann es dann anderes wollen, als dass diese Liebe durch uns weiterwirke?

Dunkel und belastend ist ein solches Gottesbild nicht; wohl aber lässt es Gott *Gott* sein – wie Jesus ihn uns verkündet hat – und nimmt uns Menschen ernst in unserer persönlichen Glaubensentscheidung. Gleichzeitig entlastet uns dieses Gottesbild vom Zwang des Erfolges; denn mein Glaube sagt mir: Gott liebt mich nicht weniger, wenn mein Mühen ohne sichtbaren Erfolg bleibt. Er gibt mir die Chance, täglich neu zu beginnen.

Gebet

Allezeit beten

„Was kann ein Tag schon Gutes bringen, der mit Aufstehen anfängt?!" Dieser Spruch trifft vielleicht auch meine Stimmung, wenn ich morgens daran denke, was der Tag alles für mich bereithält. Für viele reicht schon der Gedanke an die Arbeit, um jede positive Einstellung diesem Tag gegenüber zu vertreiben. Andere denken an die Langeweile, die sie erwartet, weil sie keinen Arbeitsplatz haben. Wieder andere bedrückt die Erwartung eines Tages in Einsamkeit, Krankheit oder mit drängenden Entscheidungen. Sicher wird auch mancher mit lachendem Gesicht diesen Spruch zitieren, wohl wissend, dass ihn heute Schönes erwartet.
Wir können es nicht verhindern, dass unser Wohlbefinden und unser Unbehagen ganz wesentlich bestimmt werden von unserer Tätigkeit und den Gefühlen, die sie begleiten.

In der jahrhundertelangen Tradition des Mönchtums hat sich das „ora et labora" – „bete *und* arbeite" – herauskristallisiert. Es ist Praxis geworden für viele Menschen, nicht nur für Ordensleute.
Dieser Praxis entsprechend steht nicht die Arbeit, sondern das Gebet an erster Stelle: *Bete* und arbeite. Die Betonung des Gebetes hat ihr Vorbild in Jesus Christus selbst. Vor jeder wichtigen Entscheidung, so berichtet der Evangelist Lukas, habe Jesus sich zurückgezogen, um zu beten. Offensichtlich bestimmte das Gespräch mit dem Vater ganz selbstverständlich seinen Tagesrhythmus. – Erst beten, dann arbeiten, eine solche Sichtweise ist sicher manchem von uns ungewohnt.
Der Apostel Paulus fordert im ersten Thessalonicherbrief die Gemeinde auf: „Betet ohne Unterlass!" (5, 17).

Ist das eine typische Übertreibung, die man nicht so ganz ernst nehmen darf und soll? – Keineswegs! Wenn wir das Beten im Sinne des Apostels Paulus verstehen – der übrigens die Arbeit sehr hoch einschätzte –, dann müssen wir hier keinen Gegensatz aufbauen. Für ihn ist das Leben des Christen ein Antwortgeben auf den Anruf Gottes, auf die Liebe Gottes. Diese Antwort gebe ich im *Gebet* – im Sprechen mit Gott, im stillen Verweilen bei ihm – ebenso wie in der Erfüllung meiner *Aufgaben* – am Arbeitsplatz, in der Familie … Arbeiten *und* Beten sind der Versuch, auf Gottes Liebe zu antworten.

„Betet ohne Unterlass!" Bleibt in allem, was ihr tut, mit Gott verbunden!

Wir sind Kinder unserer Leistungsgesellschaft, und deshalb liegt der Einwand nahe: „Was bringt das schon, wenn ich mir Zeit nehme zum Beten? Es ist doch effektiver, wenn ich stattdessen etwas Gutes *tue*. Was *tun* denn diejenigen, die das Beten als so wichtig darstellen? Ich arbeite lieber, das ist dann mein Beten!"

Meine Arbeit ist Gebet, wenn ich sie als Möglichkeit begreife, so mein Leben mit Gott zu gestalten. Es bleibt gültig: Gott *braucht* unser Gebet nicht, etwa um informiert zu sein, wo sein Einsatz in der Welt wünschenswert oder notwendig wäre. Nicht *Gott* braucht unser Gebet; aber *wir* brauchen es. Im Gebet öffnen wir uns für die „Lösungsmöglichkeiten", die Gott hat für unsere Fragen und Probleme. Im Gebet werden wir sensibel für den Willen Gottes. Darum brauchen wir außer unserer Arbeit auch besondere Zeiten zum Gespräch mit Gott.
Für viele Menschen ist es selbstverständlich, den Tag mit einem Gebet zu beginnen, mit einem Kreuzzeichen oder einer Bitte um Gottes Schutz und Segen. Es nimmt zwar nicht die Last, aber es hilft ihnen, den Tag bewusster *mit Gott* zu gestalten.

Bitten

„Da hilft nur noch Beten!" Das sagt man meistens in ziemlich ausweglosen Situationen. Gemeint ist – etwa bei schwerer Krankheit: Da kann ärztliche Kunst nichts mehr zuwege bringen; hier ist jede Medizin unwirksam; wenn nicht eine *höhere Macht* eingreift, ist alles hoffnungslos für den Patienten.

Dieses Wort kann aber auch den Glauben zum Ausdruck bringen: Selbst wenn nach menschlichem Ermessen keine Hoffnung mehr möglich ist, *Gott* kann helfen; er kann eine ausweglose Situation verwandeln; er kann Heilung schenken. Solcher Glaube verschließt nicht die Augen vor der Wirklichkeit, ist keineswegs ein Zeichen für mangelnden Realitätssinn. Er sieht sehr wohl, wie ernst die Situation ist, nimmt aber zugleich das Wort Jesu ernst: „Bittet, und ihr werdet empfangen..." (Joh 16, 24).

Aufforderung und Zusage stecken in diesem Wort Jesu: Bittet, sprecht es aus, was euch bewegt, was ihr erwartet! Ihr *werdet* empfangen; ich höre und erfülle eure Bitten; nicht „vielleicht" oder „eventuell", nicht unter Bedingungen und für eine Gegenleistung.
„*Bittet*, und ihr *werdet* empfangen..."! Das betont Jesus im Abendmahlssaal, kurz vor seinem Leiden. Es ist ihm ein Herzensanliegen: Seine Jünger sollen wissen, dass sie sich in jeder Lage voll Vertrauen an ihn wenden können.

Dieses Wort ruft bei vielen Protest hervor: „Wie viele Gegenbeispiele könnten wir nennen, die die Wahrheit dieser Aussage widerlegen! Wie oft wurden unsere Bitten *nicht* erhört! Und zudem, wenn Gott sich an dieses Wort Jesu binden sollte, käme er in manche schwierige Lage: Die einen wollen zum Beispiel Regen, die anderen Sonnenschein. Nein, so einfach ist das alles nicht. Schön wär's ja, aber leider nicht durchführbar!"

Ich denke, so leicht können wir ein Wort Jesu nicht abweisen. So leicht sind aber auch all diejenigen nicht zu widerlegen, die auf gegenteilige Erfahrungen mit dem Bittgebet hinweisen. Versuchen wir einen Zugang von zwei Seiten: vom *Inhalt* und von der Art der *Erfüllung* unserer Bitten her. Im Zusammenhang der Abschiedsreden sagt Jesus zu den Jüngern: „Bis jetzt habt ihr noch nichts in meinem Namen erbeten" (Joh 16, 24). *Im Namen Jesu* oder *durch ihn* bitten, ob das den Inhalt unserer Bitten verändert?

Jesus will, dass wir unsere ganz persönlichen, berechtigten Anliegen einbringen in die großen Anliegen Gottes für die Menschen und für die Welt. Unsere Bitten *im Namen Jesu* wollen *uns* dann befähigen, zu tun, was uns möglich ist, damit das Gute, um das wir bitten, Wirklichkeit wird.

Nicht immer fällt die Erhörung unserer Bitten so aus, wie wir es uns dachten. Wenn die Erhörung zu anderer Zeit oder in anderer Form eintritt, sehen wir oft den Zusammenhang mit unserer Bitte gar nicht mehr. Gott hat das Ganze im Blick und seine Art der Erfüllung ist umfassender, als wir es überblicken können. Viel wäre gewonnen, könnten wir Gott zutrauen, dass er es in jedem Falle gut mit uns meint!

Jesus selbst hat erfahren, dass seine Bitte an den Vater *anders* erhört wurde, als er es gewünscht hatte. Im Garten Getsemani erbat er vom Vater, der Kelch des Leidens möge an ihm vorübergehen. Das Leiden blieb ihm *nicht* erspart. Aber nach Leiden und Kreuz erweckt ihn der Vater von den Toten. Der Vater hat das Ganze im Blick: Durch Jesu Leiden, Kreuz und Auferstehung geschieht unsere Erlösung!

„Bittet, und ihr werdet empfangen!" Ja, Beten hilft. Wir beten nie umsonst! Denn ist nicht auch das eine Erhörung unserer Bitten, wenn ich durch das Gebet die Kraft erhalte, an einem Problem nicht zu zerbrechen, mit einer offenen Frage weiterzuleben?

Danken

Kleine Kinder werden angeleitet, „Danke schön" zu sagen, wenn sie etwas geschenkt bekommen. Eltern möchten, dass ihre Kinder aufmerksam werden für das Gute, das andere ihnen tun. Welche Kluft liegt zwischen dem kindlichen „Danke schön" und der Äußerung von Erwachsenen: „Ich möchte niemandem danken müssen!" Welche Erfahrungen veranlassen Menschen, möglichst unabhängig von anderen zu sein, ihnen nur ja keinen Dank zu schulden?
Schon das Wort Dankes-*Schuld* verrät, dass hier etwas ungern, nur gezwungenermaßen verrichtet wird. Soll Dank mehr sein als eine Höflichkeitsformel, dann lässt er sich nicht erzwingen. In persönlichen Beziehungen sagen wir gern „herzlichen Dank" und signalisieren damit, dass wir innerlich bewegt sind von der Hilfe oder Gabe des anderen.

Nicht als Erziehungsmethode für die junge Christengemeinde in Ephesus ist die Aufforderung zu verstehen: „Sagt Gott, dem Vater, jederzeit Dank für alles im Namen Jesu Christi, unseres Herrn!" (Eph 5, 20). Der Dank Gott gegenüber ist vielmehr für alle *die* selbstverständlich, die zu Jesus Christus gehören. Er ist gleichsam die logische Konsequenz des Glaubens. Sich daran gegenseitig zu erinnern, steigert die Freude über das Geschenk des Glaubens, das Geschenk der Christuszugehörigkeit.

„Sagt ... *jederzeit* Dank für *alles* ..." Danken hat mit *Denken* zu tun. Nur woran ich denke, dafür bin ich dankbar. Der Dank Gott gegenüber umschließt *alles*, auch was Menschen uns Gutes tun, darum haben wir *jederzeit* Grund zum Dank.
Der Gottesdienst der christlichen Gemeinde hält die Heilstaten Gottes für uns in lebendiger Erinnerung. Eucharistie, die große Danksagung – vielleicht erscheint sie uns

deshalb manchmal so wenig wichtig, weil wir, ach, so vergesslich sind. Unsere schnell-lebige Zeit sucht immer wieder neue Aktionen. Vielleicht verbinden wir aber auch zu wenig unseren persönlichen Dank mit dem Dank Jesu an den Vater.

Wer einmal sehr bewusst Hilfe oder Heilung erfahren hat in großer Not, den muss niemand auffordern zum Dank; der findet von selbst Worte, Gesten oder Zeichen, seine tiefe Betroffenheit zum Ausdruck zu bringen.
Wenn ich einem Menschen danke, gestehe ich ihm zu, dass er in einer bestimmten Situation für mich wichtig geworden ist; ich erkenne an, dass er dadurch mein Leben bereichert hat; vielleicht wünsche ich auch, dass die Beziehung bestehen bleibt oder sich vertieft.
Wenn ich ehrlich danken möchte, komme ich nicht auf die Idee, der Dank könnte mich abhängig machen, der andere gewänne dadurch vielleicht Macht über mich. Danken macht vielmehr froh und beflügelt mich in der Pflege guter Beziehungen. „Danke schön", dieses Wort verbindet.

„Sagt Gott, dem Vater, jederzeit Dank für alles im Namen Jesu Christi, unseres Herrn!" – Was im zwischenmenschlichen Bereich gilt, sollte das nicht auch auf meine Beziehung zu Gott übertragbar sein?
Ich danke Gott, weil ich erkenne, wie reich mein Leben ist durch seine Liebe, die ich in solch greifbaren Augenblick-en deutlicher erkenne als sonst.
Ich danke Gott und wünsche mir, dass ich ihn bewusster in meinen Alltag hineinnehmen kann, dass unsere Beziehung sich vertiefen möge.

Nicht nur, weil wir gelernt haben, „Danke schön" zu sagen, sollten wir Gott, dem Vater, danken, sondern weil wir im Glauben wissen, dass seine sorgende Liebe unser Leben begleitet.

Loben

Vermutlich ist uns die Geschichte vom „Münchner im Himmel" bekannt. Er soll alle Tage *frohlocken* und *Halleluja* singen. Aber wenn er sich an die Freuden auf Erden erinnert, etwa bei einer Maß Bier, dann empfindet er das bald als äußerst eintönig und langweilig.
Halleluja – „Lobet Jahwe, lobet Gott": Wenn das, wie in dieser Satire ausgedrückt, schon im Himmel so wenig begeisternd und einladend sein soll, dann wäre erst recht verständlich, wenn der Einzelne hier auf der Erde mit dem Lob Gottes wenig anzufangen wüsste.

Und Lob im zwischenmenschlichen Bereich? Wir sprechen von Streicheleinheiten, die jeder braucht, um seine Aufgaben zufriedenstellend erfüllen zu können. Dabei wissen wir sehr wohl, welch ein positiver Aspekt davon ausgeht, wenn unser Tun lobend anerkannt wird. Der Schüler verdoppelt seine Anstrengungen, wenn seine Beiträge positiv bewertet werden. Die Mutter erfüllt ihre häuslichen Pflichten mit mehr Freude, wenn der Mann und die Kinder ihre vielfältigen Tätigkeiten zu würdigen wissen. Und der Angestellte schaut nicht auf die Minute, wenn sein Einsatz vom Chef gesehen und geachtet wird. Lob und Anerkennung sind wie ein Sonnenstrahl, der einen regenverhangenen Tag aufhellt.

Beim Lob Gottes geht es nicht um Lob im Sinne von Streicheleinheiten. Gott *braucht* unser Lob nicht, um sich akzeptiert zu fühlen. Er verdoppelt auch nicht seine Anstrengungen, wenn wir ihn loben.
Im 34. Psalm heißt es: „Ich will den Herrn allezeit preisen; immer sei sein Lob in meinem Mund" (V. 2). Sicher ist der Dank für erfahrene Hilfe ein Auslöser für diesen Lobpreis Gottes. Aber solche Hilfe ist für den Beter offensichtlich kein einmaliges Erlebnis, erst recht nichts Zufälliges. Ein bestimmter Anlass zum Gotteslob ergibt sich

für ihn aufgrund vieler ähnlicher Gotteserfahrungen, eigener Erfahrungen, aber auch solcher aus der Geschichte seines Volkes: Gott hilft, er ist besonders auf der Seite der Armen, fühlt mit ihnen und gewährt ihnen sein Erbarmen. Nein, nicht zufällig ist Gott der Helfer der Kleinen, sondern es ist sein Wesen, gut zu sein zu den Menschen.
Weil der Beter im Glauben diese tiefen Zusammenhänge erkennt, darum preist er Gott *allezeit*, darum ist das Lob auf Gottes Güte *immer* in seinem Mund.
Wer den ganzen Psalm 34 liest, der kann sich diesen Beter schwerlich vorstellen als jemanden, der trübselig in der Ecke sitzt und ein gelangweiltes *Halleluja* anstimmt. Wohl aber passen zu diesem Preislied auf Gott ein freudig bewegtes Emporheben der Arme, ein Klatschen in die Hände oder eine rhythmische Bewegung des ganzen Körpers wie im Tanz.

Vielleicht wird mancher jetzt denken: „Da käme ich mir unehrlich vor, wenn ich solch große Worte in den Mund nehmen wollte. Das widerspricht meinen Erfahrungen. So kann ich nicht beten."

Vielleicht müssen wir nur lange genug auf Gott schauen, auf sein Wirken für uns, für andere. Vielleicht kann dann auch in uns eine Seite angerührt werden, die erst im Lob so richtig zum Klingen kommt. *Staunen* über Gottes Größe und Güte könnte der Anfang des Lobes sein.
Im Singen und Tanzen entdecken junge Menschen das Lob Gottes heute neu – und spüren etwas von der befreienden Wirkung des Lobes. Wir verneinen nicht die Alltagssorgen, aber wir bleiben nicht bei ihnen stehen, wenn wir einstimmen in den Lobpreis: „Großer Gott, wir loben dich ..." – Was im Himmel einmal beglückende Wirklichkeit werden soll, davon will das Gotteslob auf Erden einen Vorgeschmack vermitteln.

Ringen und fragen

Lange Zeit galt der Satz: „Not lehrt beten." Unter der Hand scheint daraus „Not lehrt *planen*" geworden zu sein, wenn wir den Stellenwert des Gebetes im Leben vieler Menschen heute so deuten dürfen. Für alle denkbaren Wechselfälle des Lebens suchen wir entsprechende Vorsorge zu treffen. Dabei müssen sich Beten und Planen gegenseitig keineswegs ausschließen. Beten ersetzt nicht mein eigenes Tun; aber all mein Planen und Sorgen ersetzt auch nicht mein Gebet. Letztlich ist die Frage nach der Bedeutung des Gebetes die Frage nach der Bedeutung *Gottes* in meinem Leben. Was wäre das auch für ein Gott, zu dem ich zwar in der Not rufe, der aber sonst in meinem Leben nicht vorkommt?!

„Gott greift am Herzen des Menschen an, nicht am Kopf", erkannte ein junger Mensch im Nachsinnen über ein Wort der Bibel. Wenn Gott im Herzen, das heißt mitten in meinem Leben, seinen Platz hat, nicht irgendwo am Rande, dann wird das Gebet nicht bloß die letzte Lösung sein für Notfälle, wenn jede andere Hilfe versagt.

Das Gebet – und damit Gott – mitten in meinem Leben? Das hieße doch: Ich habe Schönes erlebt – und spreche darüber mit Gott; ich habe Fragen, ringe um Entscheidungen – und trage all das vor Gott; ich bin glücklich über eine Begegnung – und danke Gott ...
Alles, was mit mir zu tun hat, hat auch mit Gott zu tun. Dabei brauche ich nicht eigens ein frommes Mäntelchen umzuhängen, um mit Gott ins Gespräch zu kommen. Gott versteht mich, ob ich vor ihm klage oder schimpfe über Dinge, die mich belasten, oder ob ich singe vor Freude über ein gelungenes Werk. Ich darf auch mit ihm ringen, wenn ich ihn nicht verstehe, über seine Zumutungen enttäuscht oder wütend bin. Gott versteht mich und nimmt mich ernst.

Wie entscheidend die Auseinandersetzung mit Gott für einen Menschen sein kann, das zeigt uns zum Beispiel das erste Buch Mose. In einem nächtlichen Kampf, so wird dort berichtet, ringt der Patriarch Jakob mit Gott. Als es Tag wird und Jakob offensichtlich erkennt, dass hier nicht nur ein Mensch mit ihm kämpft, ruft er: „Ich lasse dich nicht los, wenn du mich nicht segnest" (Gen 32, 27). Jakobs Forderung wird erfüllt, Gott segnet ihn und gibt ihm einen neuen Namen.

Mit Gott kämpfen, ringen, bis er Segen zurücklässt! Das ist – losgelöst von der Geschichte Jakobs – zu einem Bild geworden für den Kampf des Glaubens, für intensives und beharrliches Ringen mit Gott im Gebet.

Vielleicht ist uns gerade das Ringen mit Gott im Gebet fremd, weil wir meinen, so dürften wir mit *Gott* nicht umgehen. Doch, wir dürfen und sollen es! Nicht wohlgeformte Worte erwartet Gott von mir, sondern *mich* erwartet er; nicht fromme Sprüche, sondern meinen Schrei, wenn ich verzweifelt bin; meinen Jubel, wenn ich begeistert bin. Bei einem Freund brauche ich nicht lange nach passenden Worten zu suchen, er versteht auch mein Stottern, meine bloßen Andeutungen.

Ich darf mit Gott ringen in Schwierigkeiten, in Entscheidungssituationen, ich darf ihm „in den Ohren liegen", bis er mich segnet. Die Bitte um Segen wird Gott nicht unerfüllt lassen, auch wenn er nicht alle meine Wünsche so erfüllt, wie ich es mir vorstelle. „An Gottes Segen ist alles gelegen", das wussten unsere Vorfahren noch. Gottes Segen sagt uns Gottes Schutz, sein Weggeleit zu. Ich kann mit ihm rechnen; in keiner Situation bin ich allein; auch Not kann uns nicht trennen, er hilft mir hindurch.
„Ich lasse dich nicht los, wenn du mich nicht segnest."
Gott, ich lasse dich nicht!
Was auch geschieht, segne mich!

Schweigen und anbeten

Als witziger Denkanstoß war die kleine Geschichte von dem Intellektuellen gemeint, der sich wichtig tat mit seinem Unglauben. Als aufgeklärter Mensch, so meinte er, brauche er den Glauben nicht mehr. Für ihn gebe es keinen Gott. Verächtlich schaute er auf die herab, die noch an Gott glaubten – bis ihm einer dieser Glaubenden kurzerhand erklärte: „Entscheidend ist überhaupt nicht, ob *Sie* an Gott glauben, sondern ob *Gott* an Sie glaubt."
Mich hat diese kleine Geschichte nachdenklich gemacht. Sie beleuchtet meine Beziehung zu Gott unter einem neuen Gesichtspunkt. Ob Gott an mich glaubt? Ob er *ja* sagt zu mir und dazu steht – in jeder Situation?
Mein Glaube sagt mir: Ja, so ist es, Gott lässt sich durch nichts und niemand davon abbringen, zu mir zu stehen – auch nicht durch meine Sünde. Gott glaubt an mich, an jeden Menschen ganz persönlich. So ist Gott!
Wer diese Tatsache auf sich wirken lässt und betend darauf eine Antwort versucht, der kommt ins Staunen. Er kann an sich selbst keinen Grund dafür entdecken, dass Gott ihm so zugetan ist. Es gibt auch keinen nennbaren Grund *in uns*. Allein in Gottes Liebe liegt sein Glaube an uns begründet.

Unser Alltag lässt uns oft wenig Zeit und Raum, still zu werden, um dem Geheimnis dieser Liebe Gottes nachzuspüren. Hektik und Unruhe überlagern das, was doch so entscheidend wichtig ist für uns. Vordergründig Wichtiges verdeckt, wonach unser Herz sich sehnt: nach einem lebendigen Kontakt mit dieser Liebe.
Wir sind eingeladen, einmal am Tag uns ausdrücklich darauf zu besinnen: Gott ist da, mitten in meinem Leben. Menschen, die es eingeübt haben, sich täglich eine Zeit der persönlichen Begegnung mit Gott zu gewähren – am Anfang vielleicht eine Viertelstunde –, entdecken nach und nach, dass ihr Gebet immer einfacher wird und zu-

nehmend auf Worte verzichten kann. Der heilige Pfarrer von Ars hat es auf die kurze Formel gebracht: „Gott, du siehst mich, und ich sehe dich, das genügt."
In dieser persönlichen Begegnung mit Gott darf ich über mein Leben nachdenken, über Tagesereignisse oder über Gott und sein Wirken, wie es die Bibel darlegt. Ich darf einfach still sein oder langsam ein Wort immer neu wiederholen. Welche Form des Gebetes wir auch wählen, entscheidend ist, dass unser Beten ehrlich ist, dass – im Bild gesprochen – die Antenne nach oben auch geerdet ist. Lob oder Dank, Bitten oder Fragen, alles hat seinen Platz zwischen mir und Gott.

Die Höchstform des Gebetes, so sagen die Lehrer des geistlichen Lebens, ist die *Anbetung*. In der Anbetung, ob in Worten oder im Schweigen, erkennt der Mensch an, dass Gott *Gott* ist; dass er der Herr des Himmels und der Erde und auch der Herr meines Lebens ist.

„Alle Völker kommen und beten dich an ...", betet der Psalmist (Ps 86, 9). Das ist für ihn das Ziel der Geschichte des Volkes Gottes: Alle Völker beten Gott an.
Wer aus ganzem Herzen sprechen kann: „Gott, ich bete dich an", der erfährt eine große Freiheit; Freiheit sich selbst gegenüber und Freiheit gegenüber allem, was ihn binden möchte. In die Haltung der Anbetung hineinzuwachsen, ist das Ziel unseres Betens. Menschen, die aus der Anbetung leben, sind gütige, strahlende Menschen. Sie bringen etwas von der Sonne der göttlichen Liebe in unsere Welt.

„Man verändert sich in einer Beziehung": Gilt diese Aussage eines jungen Menschen nicht auch für die Beziehung zwischen Gott und uns im Gebet? Betend lasse ich mich gleichsam auf ein Abenteuer mit Gott ein; ein Abenteuer, das mich positiv verwandeln will, in das ich jeden Tag neu einsteigen kann.

Zeit

Fülle der Zeit

Immer wenn ein Jahr zu Ende geht, machen wir uns Gedanken: Wo bleibt die Zeit? Nach den Weihnachtstagen wird mancher vielleicht sagen: „Das war's mal wieder. Drei Tage Friede, Freude, Tannenduft – und nun hat die Wirklichkeit uns wieder." Andere sind froh, wieder in den gewohnten Alltagsrhythmus zu kommen, für sie ist ohnehin „nichts schwerer zu ertragen als eine Reihe von guten Tagen".
Weihnachten, das Fest der Liebe und der Freude für die einen, gilt anderen als Zwang, Familiensinn und Fröhlichkeit demonstrieren zu müssen, obwohl ihnen danach nicht zumute ist. Da lässt die *heilige* Weihnachtszeit sehr *unheilige* Gedanken aufkommen – alle Jahre wieder.
Aber auch das gibt es an Weihnachten: Glockenklang, Weihnachtsmelodien und leuchtende Kinderaugen erinnern viele an Zeiten, in denen sie das Fest noch als *das* mitfeierten, was es von seinem Ursprung her ist. Christen feiern an Weihnachten das Fest der Geburt ihres Herrn. Weil Gott uns beschenkt in der Menschwerdung seines Sohnes, machen wir einander Geschenke, teilen miteinander die Freude, die uns von Gott bereitet wird.
Was mich beschäftigt, ist die Frage: Was *bleibt* von Weihnachten? Dabei denke ich nicht an sentimentale Gefühle, an überhäufte Gabentische, auch nicht an erzwungene Verwandtschaftsbesuche. Ich denke vielmehr, dass Weihnachten überhaupt nicht stattgefunden hat, wenn es keine Folgen hat für uns! Wenn wir am 27. Dezember sang- und klanglos wieder in den Alltag überwechseln können, dann stand Weihnachten lediglich im Kalender, brachte uns ein paar Tage zum Ausschlafen, aber mehr nicht. Dann kann ich verstehen, dass immer mehr Menschen diese Zeit als Urlaubszeit nutzen. Sie fahren ir-

gendwohin und überlassen es dem Hotel- oder Pensionsbesitzer, ein attraktives Programm für die Feiertage anzubieten: Ein festliches Weihnachtskonzert, warum nicht! Eine feierliche Christmette mit Chorgesang, auch nicht schlecht! Sicher erlebt mancher auf diesem Wege vielleicht mehr *Weihnachten* als daheim.

Was Weihnachten den Christen bedeutet, hat nichts mit Gefühlsduselei zu tun. Sehr nüchtern spricht der Apostel Paulus davon im Brief an die Galater: „Als aber die Zeit erfüllt war, sandte Gott seinen Sohn …" (4, 4). Paulus weiß nichts von einem „holden Knaben im lockigen Haar". Er spricht vielmehr von einer *Zeitenfülle*, in der Gott seinen Sohn gesandt hat. Was ist gemeint? Wie sah die *leere* Zeit aus, der dann die „Fülle der Zeit" folgte?
Wer sich nur an die strikte Einhaltung des Gesetzes gebunden fühlt – die Galater sind hier ein Beispiel dafür –, ist wie ein unmündiger Sklave. Durch den Sohn, durch Jesus Christus, wurden sie befreit. Seine Geburt als Mensch ist der Anfang der Erlösung. Aus Sklaven wurden Söhne und Töchter, erbberechtigte Söhne und Töchter Gottes. Diese Zeitenfülle konnten die Galater nicht selbst arrangieren. Gottes Liebe wandelte die Leere in Fülle, machte aus abhängigen Sklaven eigenverantwortliche, selbständige Freie. Wer so freigesetzt ist, mahnt Paulus die Gemeinde, der muss Acht geben, dass er sich nicht erneut in sklavische Abhängigkeiten begibt oder gar Gott mit den Göttern vertauscht.
Fülle der Zeit, das war für die Menschen damals so bedeutsam, dass sie begannen, ihre Jahre neu zu zählen. Und heute? Gottes Sohn wird Mensch, einer von uns, damit wir ganz Mensch werden als Söhne und Töchter Gottes. Weihnachten als Fest der unbegreiflichen Liebe Gottes zu uns – *dieses* Weihnachten muss Folgen haben. Wer *so* gefeiert hat, wird nicht einfach zur Tagesordnung übergehen. Gott ist mit uns, mit mir! Bin ich auch mit ihm, an seiner Seite, wo Menschen mich brauchen?

Lebenszeit

Gutscheine gibt es heute zu allen möglichen Anlässen. Ein Märchen unserer Tage spricht von *Zeit*gutscheinen. Da kommt eines Tages ein Unbekannter und bietet einem Mann Zeitgutscheine an mit dem Hinweis: „Diese Gutscheine sind deine Lebenszeit. Wenn du alle investiert hast, ist deine Zeit zu Ende." – Der Mann macht sich daran, seine befristete Zeit gut zu verplanen. Viel Zeit soll dabei herausspringen für seine Freizeitgestaltung. Er legt ein Päckchen Stunden-Scheine dafür beiseite. Doch bald schon muss er entdecken, dass allein für seine Mahlzeiten und fürs Schlafen sehr viel Zeit von vornherein festliegt. Immer neu überdenkt er seine Zeitplanung, um möglichst keine Zeit zu verlieren; auch nicht für lästige Störenfriede, die ihm einen kostbaren Schein rauben könnten. Doch mitten in seine Zeit-Rechnung platzt eines Tages wieder der Fremde. Er zeigt dem verdutzten Mann die Rückseite der Gutscheine. Darauf steht: „Diese Zeitgutscheine sind in Ewigkeit umzuwandeln. Wer sie nicht in diesem Sinne verwendet, verspielt sein Leben." – Mit dieser Aufgabe bleibt der Mann wieder allein.

Die begrenzte Lebenszeit in Ewigkeit verwandeln – nur ein *Märchen*thema? Es liegt auf der Hand, dass dieses Märchen uns auffordern will, den eigenen Umgang mit der Zeit zu überprüfen und gegebenenfalls zu ändern. Soviel an Hilfe bietet das Märchen noch, dass es zeigt, wie ein Geizen mit der verfügbaren Zeit ebenso wie ein Verplempern unsinnig sind, also keinen Ewigkeitswert besitzen. Alles Weitere bleibt der Verantwortung jedes Einzelnen überlassen.

Selten werden wir mit dem Thema Zeit so konfrontiert wie in den Tagen „zwischen den Jahren". Selten auch spüren wir die Vergänglichkeit so deutlich wie in den letzten Tagen eines zu Ende gehenden Jahres. Manchen von uns stimmt das wehmütig. Das Märchen von den Zeitgutscheinen möchte aber unsere Aufmerksamkeit in eine andere Richtung lenken: Wir haben die *Chance*, vergängliche Zeit so zu nutzen, dass in ihr Unvergängliches gewirkt wird! Wir können auch sagen: „Die Zeit ist eine Muschel, in der die Perle Ewigkeit ruht" (H. Spaemann). Diese Perle gilt es zu erlangen.

Um diese „Perle Ewigkeit" geht es auch, wenn uns die Bibel auffordert: „Bedenkt die gegenwärtige Zeit ..." (Röm 13, 11). Das Ziel ist nicht eine pessimistische Haltung gegenüber den Freuden dieser Welt zugunsten erwarteter himmlischer Entschädigungen. Vielmehr geht es darum zu sehen, was der andere jetzt braucht und was ich ihm geben kann. Christen sind aufgefordert, so zu handeln, weil sie das von Jesus Christus gelernt haben. Die Gemeinde in Rom, der dieses Wort gesagt wird, kennt die einzelnen Gebote. Hier nun weist der Apostel Paulus sie darauf hin, dass die Liebe die Erfüllung des ganzen Gesetzes ist. Deshalb: „Bedenkt die gegenwärtige Zeit ...", lernt, eure Zeit zu nutzen als Menschen, die verstanden haben, worauf es im Leben ankommt.

Aber wo bleibe *ich* da? Komme ich dabei nicht zu kurz? Ich will selbst etwas haben von meiner Zeit. Der berühmte „Spatz in der Hand" scheint vielen da sicherer als die „Taube auf dem Dach". – Wenn wir so denken, setzen wir stillschweigend voraus, dass das, was wir für andere investieren, uns persönlich abgeht. Rein rechnerisch gesehen fehlt uns natürlich eine Stunde, die wir uns nehmen für einen Besuch im Altenheim, für ein Gespräch mit einer Freundin, einem Freund oder für die Anliegen der Kinder. In Wirklichkeit aber bringt uns jede so *verschenkte* Stunde nicht nur der „Perle Ewigkeit" näher, sie lässt uns auch in der gegenwärtigen Zeit schon etwas vom Glanz dieser „Perle Ewigkeit" verspüren.

Herzenszeit

Zeit haben ist oft keine Frage der *Zeit*. Was uns wichtig ist, dafür finden wir in der Regel auch Zeit. Woran das liegt, verdeutlicht Michael Ende in seinem Märchenroman „Momo". Die kleine Momo ist bei Meister Hora zu Besuch und erfährt: Uhren sind nur Nachbildungen des menschlichen Herzens. Jeder Mensch hat ein Herz, um damit die Zeit wahrzunehmen. „Und alle Zeit, die nicht mit dem Herzen wahrgenommen wird, ist ... verloren." Zeit haben, keine Zeit haben hat also mit meinem Herzen zu tun. – Vielleicht kommen uns jetzt Menschen oder Aufgaben in den Sinn, die unsere Zeit sehr beanspruchen. Das Herz wird uns sagen, für welche Begegnung es sich viel Zeit wünscht und wo es nur ein Minimum an Zeit verbringen möchte.

In Momos Umgebung gibt es *Graue Herren*, die sogenannten Zeit-Diebe, die darauf aus sind, die Menschen zu immer mehr Hektik anzutreiben. Alle ersparte Zeit sollen sie auf die Zeit-Sparkasse bringen. Diese *Grauen Herren* haben erkannt: „Zeit ist Leben. Und das Leben wohnt im Herzen." Menschen, die wie Momo Zeit mit dem Herzen wahrnehmen, schädigen das Geschäft der Zeit-Diebe.

Nun werden uns heute bestimmt keine *Grauen Herren* begegnen, um unsere Zeit zu stehlen. Sicher aber werden wir Gelegenheit finden, unsere Zeit mit Leben, mit dem Herzen zu füllen. Wir spüren: Da genügt es nicht, nur körperlich anwesend zu sein, etwa in einem Gespräch in der Familie, oder nur mit halbem Ohr hinzuhören, wenn die Kollegin oder der Kollege von ihren Schwierigkeiten erzählen. Mein Gegenüber empfindet sehr deutlich, ob ich nur *scheinbar* da bin oder ihm wirklich zugewandt bin.

Nicht nur Märchen wissen um die Wahrheit der *Herzenszeit* und ermutigen dazu, mit der Zeit zugleich unser Leben einzubringen.

„Als Gott die Zeit erschuf, hat er genug davon gemacht", heißt es in einem afrikanischen Sprichwort. Dennoch erfahren wir, dass unsere eigene Zeit nicht unbegrenzt ist. Der Apostel Paulus folgert aus dieser Tatsache: „Deshalb wollen wir, solange wir noch Zeit haben, allen Menschen Gutes tun ..." (Gal 6, 9f). Das kann zum Beispiel heißen, einem anderen ein Stück des Weges die Last abzunehmen. Paulus weiß, dass jeder, der so handelt, damit genau das tut, was Jesus für uns getan hat. Einander die Last des Lebens tragen helfen, das fordert nicht nur Zeit, sondern auch Kraft. Das fordert ein Stück meines Lebens.

„Deshalb wollen wir, solange wir noch Zeit haben, allen Menschen Gutes tun ..." Der Apostel schreibt diesen Appell den Christen in Galatien ins Stammbuch. Für uns stellt dieses Wort eher eine Herausforderung dar. Wir haben ein gut ausgebautes Sozialnetz, das eine Menge Lasten abfängt. Organisierte Caritas tut viel Gutes. „Was soll ich mich da noch engagieren?", denkt mancher. Ich weiß Besseres mit meiner Zeit anzufangen. Im übrigen, was heißt schon *Gutes tun*? – Auch wenn kirchliche und staatliche Organisationen alle erforderliche Hilfe leisten *könnten*, bleibt der Einsatz des Einzelnen unverzichtbar, weil *Gutes tun* mehr meint als nur materielle Hilfe.

Momo würde vielleicht sagen: „Nimm die Menschen in deiner Umgebung mit dem Herzen wahr, und du weißt, wofür du deine Zeit sinnvoll einsetzen kannst."

Zeit mit dem Herzen wahrnehmen – Zeit mit Leben füllen – Gutes tun! – Meister Eckehart, ein Mystiker des Mittelalters, hat für sich eine Formel gefunden, wie das umzusetzen ist im Alltag:
„Die wichtigste Zeit", so sagt er, „ist immer die Gegenwart; der wichtigste Mensch ist immer der, welcher dir gerade gegenübersteht; das wichtigste Werk ist immer die Liebe."

Gnadenzeit

Uhren gibt es in vielfacher Ausführung: große und kleine, laute und leise, einfache und kostbare. Wir kennen Sanduhren, Sonnenuhren, Digitaluhren ... und inzwischen auch die ferngesteuerte Funkuhr. Immer genauer wird unsere Zeitrechnung. Die im 14. Jahrhundert erfundene mechanische Uhr maß nur die *Stunden*; Minuten- und Sekundenzeiger gab es noch nicht. Inzwischen entscheiden oft Bruchteile von Sekunden über Sieg und Niederlage bei sportlichen Wettkämpfen.
Wir *haben* Uhren. Oder haben die Uhren *uns*?

Vor mir liegt das Foto einer Uhr, die jemand selbst angefertigt hat. Statt der üblichen Ziffern von eins bis zwölf wählte er Buchstaben. *"Zeit ist Gnade"*, lese ich. Die Anzahl der Buchstaben – zwölf – stimmt. Stimmt auch der Inhalt?
Die Erfahrung zeigt, dass viele von uns eher unter dem *Diktat* der Uhr stehen. Es scheint, als ob sich die „Unruh", als Teil der Uhr, auf unsere „Unruhe", als Fehlen innerer Ruhe, übertragen hätte. „Zeit ist Gnade", schön wär's!

Gnadenzeit, das kann in zweifacher Hinsicht verstanden werden. Es kann eine *befristete* Zeit meinen, die mir *noch* verbleibt, eine Gnadenfrist zur Bewährung. Es kann aber auch eine *geschenkte* Zeit meinen, eine unverplante Zeit zur freien Gestaltung - im *religiösen* Sinne: eine Zeit, die Gott mir gewährt.

„Es ist Zeit, den Herrn zu suchen ...", mahnt der Prophet Hosea das Volk des Ersten Bundes (10, 12). Trotz aller Untreue seines Volkes gewährt Gott ihm eine neue Gnadenzeit. Das ist ein unverdientes Geschenk Gottes für ein Volk, das alles andere mehr sucht als seinen Gott; das Gott mit den Göttern vertauscht – und dennoch von diesem Gott leidenschaftlich geliebt bleibt.

In den Tagen zwischen Weihnachten und Neujahr machen viele Betriebe Inventur. Aber auch im privaten Bereich regt uns diese Zeit an, Bestandsaufnahme zu machen, ähnlich, wie wir es sonst vielleicht an Geburtstagen oder an anderen persönlichen Gedenktagen tun: Wie war die vergangene Zeit? Was bleibt unterm Strich, wenn ich die schönen und die weniger erfreulichen Ereignisse anschaue? Gab es Zeiten, da ich bewusst den Herrn suchte? Zeigt sich mir rückblickend, dass meine Zeit von Gott geschenkte Gnadenzeit war?
Solches Innehalten entzieht uns dem Diktat der Uhr. Und vielleicht entdecken wir dann, was Karl Jaspers so formulierte: „Nur im Rückblick kann das Staunen aufkommen über die unbegreifliche Führung Gottes."

„Zeit ist Gnade." Natürlich gilt das nicht nur für die *vergangenen* Wochen und Monate. Jeder neue Tag ist mir geschenkt – wie eine leere Schale, die ich mit Hoffnung füllen kann, mit Vertrauen und Zuwendung …, letztlich mit Liebe in der Vielfalt ihrer Ausdrucksformen.
Wer so sein Zeitmaß ausfüllt, der braucht nicht darum zu bangen, dass seine Lebens-Uhr einmal stehen bleibt. Der Glaubende weiß: Nach dieser irdischen Zeit hält Gott für uns etwas Neues bereit – die Ewigkeit.

Solche Gelassenheit spricht für mich aus einer Grabinschrift auf einem Friedhof im Sauerland. Der Grabstein stellt eine Uhr dar. Der Zeiger markiert die Todesstunde des Verstorbenen. Die Inschrift über den Ziffern und auf dem Zeiger lautet: „Eine von den Zwölfen ist die Deine. Dieses war die meine."

In einem Gedicht von Elli Michler heißt es:
„Ich wünsche Dir Zeit, nach den Sternen zu greifen,
und Zeit, um zu wachsen, das heißt um zu reifen.
Ich wünsche Dir Zeit, neu zu hoffen, zu lieben.
Es hat keinen Sinn, diese Zeit zu verschieben …"

Wendezeit

Das Rad der Zeit dreht sich immerzu, und wir sind mit ihm in Bewegung. Wir haben uns daran gewöhnt und können es uns kaum anders vorstellen. Stillstand bedeutet Rückstand, so sagt man. Ist das wirklich so?

Mir ist ein Bild vertraut, das ein großes Rad zeigt und eine Frau, die ihre Arme auf das Rad und den Kopf auf die Arme legt, so, als sei das die beste Haltung, um zu ruhen. Das Rad steht still. Gedacht ist hierbei an ein Zeitrad, das sagt die Bildunterschrift: „Nichts ist, was dich bewegt, du selber bist das Rad, das aus sich selbsten läuft und keine Ruhe hat." Der Text stammt aus dem „Cherubinischen Wandersmann", einem Werk von Angelus Silesius aus dem 17. Jahrhundert.
Hier bedeutet Stillstand nicht Rückstand. Im Gegenteil – einhalten, zur Ruhe kommen und nachdenken sind notwendig, wenn ich nicht *gelebt* werden will. Ich darf und soll eingreifen in die Speichen meines Zeitrades, muss entscheiden, womit ich meine Lebenszeit fülle. Besonders in der Stille kann mir aufgehen, was jeweils hier und heute zu tun ist.

Wenn am Silvestertag nur noch wenige Stunden das alte Jahr vom neuen trennen, haben wir das Gefühl, eine *Zeitenwende* zu erleben. Da schließt etwas unwiederbringlich ab. Neues, Unbekanntes erwartet uns. Das birgt seinen Reiz, aber auch seine Unwägbarkeiten. – Wie gehe ich mit dem, was gewesen ist, um? Wie stelle ich mich auf das Neue ein?

Mancher wird vielleicht Vergangenem nachhängen und sich quälen: „Hätte ich doch dieses oder jenes getan oder nicht getan, dann fühlte ich mich jetzt besser …! Könnte ich doch wiedergutmachen, was ich angerichtet habe…!" Solange wir mit *„hätte"* und *„könnte" rückwärts* blicken, wird sich gewiss nichts ändern. Wirkliche Chancen dagegen tun sich auf, wenn wir nach *vorn* schauen und sagen: „Nächstes Mal werde ich mich anders verhalten. Nächstes Jahr gehe ich bestimmte Dinge oder Situationen von vornherein *anders* an ...!" So kann etwas in Bewegung kommen, zum Beispiel vergangene Probleme lösen und uns einander wieder näher bringen.

Im 119. Psalm ruft der Beter zu Gott: „Herr, es ist Zeit zu handeln ..." (V. 126). Er sieht, wie Menschen die Weisungen Gottes missachten. Das bedrückt ihn. Gottes Gebote sind für ihn Hilfe zu einem guten Miteinander. Wenn sie nicht mehr beachtet werden, weiß er sich bedroht von der Willkür der Menschen. Darum bittet er, Gott möge doch eingreifen, nicht zulassen, dass ihm Böses geschieht: „Herr, es ist Zeit zu handeln ..."

Wir dürfen so zu Gott beten. Denn wir allein sind überfordert, das Rad unserer Zeit in eine andere Richtung zu lenken. Gott *will* uns helfen. Aber er tut es in der Regel nicht ohne uns. „Herr, es ist Zeit zu handeln ...", handle du durch *mich*!
In einem Lied heißt es: „Meine Zeit steht in deinen Händen. Nun kann ich ruhig sein, ruhig sein in dir. Du gibst Geborgenheit, du kannst alles wenden. Gib mir ein festes Herz, mach es fest in dir ..." (Peter Strauch). – Das Lied klammert die Sorgen und Ängste, die uns gefangen nehmen wollen, nicht aus. Es fordert aber dazu auf, sich *trotzdem* festzumachen in Gott, und das heißt *glauben*.
Meine Zeit steht in Gottes Händen. Wenn *seine* Zeit auch in meinen Händen steht, ob das nicht spürbar etwas verändern könnte bei uns?
Herr, es ist Zeit für *dein* und *unser* Handeln!
Vor Jahren wurde uns an einem Silvestertag ein Wort als Ermutigung in ein neues Jahr mitgegeben: Unser Blick möge *dankbar* rückwärts gehen, *mutig* vorwärts und *gläubig* aufwärts.

Hinweise

Die Texte dieses Buches wurden ursprünglich veröffentlicht als „Morgenandachten" im Deutschlandfunk oder im Westdeutschen Rundfunk bzw. als „Kirche im WDR" oder als „Betrachtungen zum Sonntag" in Radio Vatikan. Für den Druck wurden die Texte überarbeitet.

Von Bäumen
Morgenandacht im WDR: 1.-6.7.1996

Von Steinen
Morgenandacht im DLF: 14.-19.8.1995

Spruchweisheiten
Kirche im WDR: 7.-12.9.1998

Fragen Jesu
Morgenandacht im WDR: 14.-19.9.1992

Mit allen Sinnen glauben
Morgenandacht im WDR: 27.1.-1.2.1997

Ostererfahrungen
Morgenandacht im DLF: 17.-24.4.1989

Zum Pfingstfest
Betrachtung zum Sonntag in Radio Vatikan: 18.5.1997

Zum Dreifaltigkeitsfest
Betrachtung zum Sonntag in Radio Vatikan: 25.5.1997

Gottesbilder
Morgenandacht im WDR: 19.-24.2.1990

Gebet
Morgenandacht im WDR: 21.-26.1.1991

Zeit
Morgenandacht im WDR: 27.-31.12.1994